おかずは3品でOK！

サルボさん家の

毎日弁当

サルボ恭子

講談社

サルボ式弁当のおかずは

「主菜」＝肉や魚を使ったメインのおかず。

「副菜」＝野菜や卵を使ったサブのおかず。

「口直し」＝酢を使った漬物的なおかず。

の**3品**だけ。

ご飯弁当なら、

ご飯に

「主菜」+「副菜」+「口直し」

味つけご飯（またはおにぎり）に

「主菜」または「副菜」+「口直し」

パン弁当なら、

サンドイッチに「デザート」

パンに「スープ」

目次

にんにくしょうゆのおかず〈主菜〉

にんにくしょうゆのおかず〈副菜〉

ねぎみそのおかず〈主菜〉

ねぎみそのおかず〈副菜〉

香草パン粉のおかず

コチュジャンたれのおかず

市販の調味料で作るおかず

マスタード

マヨネーズ

ソース

ゆずこしょう

和える、まぶすだけ

口直しいろいろ

卵焼き〈混ぜて焼く〉

卵焼き〈具を入れて焼く〉

味つけご飯いろいろ

おにぎりいろいろ

おすすめのご飯弁当組み合わせ

パン弁当

サンドイッチいろいろ

卵サンド

チーズサンド

その他のサンド

デザートいろいろ

スープいろいろ

○計量の単位は大さじ1 = 15mℓ、小さじ1 = 5mℓ、カップ1 = 200mℓ、1合 = 180mℓです。
○電子レンジは600Wのものを使っています。500Wの場合は時間を1.2倍にしてください。機種によって加熱時間は多少異なることがあるので、様子をみて加減してください。
○レシピ中で使った塩は、すべてゲランドの塩です。使う塩によって塩分の感じ方が違うので、味をみて加減してください。
○レシピで「こしょう」とあるのは「黒こしょう」です。

お弁当作りのルール

常備調味料を活用する

あらかじめ、すぐに使える合わせ調味料を作っておくと便利です。料理ごとに違った味つけをしなくていいので、味がいつも一定するのが魅力。和風、洋風、エスニック風の調味料をいくつか常備しておくと、献立のバリエーションが広がります。

甘みやうまみをきかせた味つけにする

冷めると甘みを感じにくいので、少し甘めの味つけに。煮物などの塩分は控えめにし、濃いめのだし汁などでうまみをきかせます。味を含ませたいものは前日の夜に作りおき（夏場は朝、再加熱）します。

冷めても肉が固くなりすぎないように工夫する

動物性の脂は冷めると白く固まってしまいます。牛肉や豚肉を使うなら薄切り肉にし、肩ロース肉などを使って。脂の少ないもも肉を使う場合は、ゆでてたれにからませます。

主菜の定番食材を決める

主菜にはなるべく脂肪の少ない肉や魚介を選びます。鶏肉ならもも肉・ささ身（または胸肉）、牛肉や豚肉なら肩ロース薄切り肉・ロース薄切り肉・ひき肉、魚介なら切り身・刺身用切り身・えび・いか・帆立てなど。

汁けが出ないようにする

煮含めたり、煮汁につけたものはペーパータオルで汁けを取りましょう。しっかり味を含ませておけば、汁けを取っても物足りなく感じません。

酸のきいたものを必ず入れる

酢は殺菌作用もあるので、おかずの中に必ず一つは入れます。酢漬けにしたものが多い口直しは、この意味でも欠かせない一品です。

よく冷ましてから詰める

まだ湯気が出ている状態で詰めると、ふたなどに水滴がついて、細菌が繁殖しやすくなります。しっかり冷ましてから詰めるのが鉄則です。

仕切りを使う

ご飯や他のおかずに味をしみ込ませたくないときは、カップやハランなどの仕切りを使いましょう。レタスなどの葉物も、仕切り＆彩りになるので活用したいものです。

彩りを意識する

彩りがいいお弁当はその分、いろいろな食材を使っているということ。1色にならないように詰めると栄養バランスもよくなります。

小分け容器を活用する

汁がしみそうなときや、彩りを考えたりするのがめんどうなときは、小分け容器を活用しましょう。器の数は多くなりますが、詰め方を考えなくてもいいのでラク。

サンドイッチの具材は水けをしっかり取る

パンに水分がしみ込むとべっちょりしてしまうので、野菜などはペーパータオルで水けをしっかり取ること。あらかじめバターやマスタードなどを塗っておくといいでしょう。

夕食の材料を活用しましょう

時間のない朝に、下ごしらえに手間がかかるものは大変です。ハンバーグなどは夕食作りのとき、お弁当用に小さく丸めて焼いたものを冷凍用保存袋に入れて冷凍しておきましょう。こうしておけば、朝は火を通すだけでお弁当のおかずの一品になるのでとても便利です。

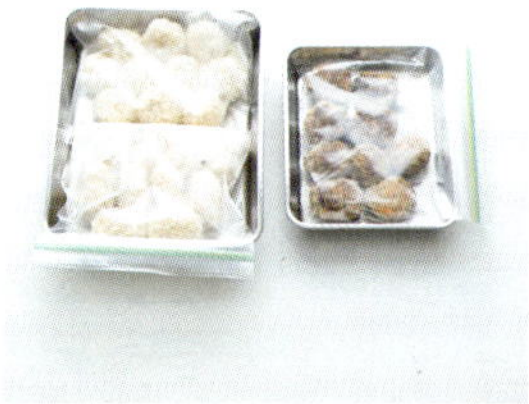

夕食作りのときに用意した、お弁当用のコロッケとハンバーグ。冷凍用保存袋に入れて冷凍しておけばいつでも使える。

あると便利な道具

お弁当は作る量が少ないので、小さいサイズの卵焼き器や鍋、フライパンがあると、作りやすくてとても便利です。また盛りつけ箸も先端が細いものがあると、小さなすき間にも箸が届くのできれいに盛りつけることができます。

卵焼き器

1人分の卵焼きを作るのにぴったりのサイズ。深さもしっかりあるので巻きやすく、きれいに仕上がる。

＊オリジナル ミニ玉子焼
（本体9.8×15.2×H3.2㎝）

小フライパン

炒め物などにはミニサイズがあると便利。フッ素樹脂加工なら焦げつく心配もない。

＊ノンスティックフライパン
（本体直径約19×H4.2㎝・アルミ製で内面はフッ素樹脂加工）

小鍋

煮物などをするときは深くて小さいサイズが便利。煮汁が素材に行きわたってしっかり味がしみ込む。蒸発する水分も少ない。

＊三層鋼（アルミ）クラッド
片手鍋12㎝（本体直径約12.5×H6㎝・三層鋼クラッド材）

盛りつけ箸

先端が細くなっているものが便利。小さなものが簡単にはさめるし、すき間にまで箸が届くので、盛りつけしやすい。

＊盛付箸竹丸天削（約28㎝・竹製）

＊4つの道具は「フライングソーサー」で購入可。http://www.flyingsaucer.co.jp/

母の豪華弁当と私のクイック弁当

私の学生時代に母が作ってくれたお弁当は、
7～8種のおかずが必ず入っている豪華弁当。
クラスメイトに「うらやましい」と言われるたび、
ちょっとうれしい気分になり、私の自慢でした。

そして高校生になって同じ学校に通う妹と二人で暮らすことになりました。
学校が家から遠かったのが理由です。
食事とお弁当は私の担当でした。
母のお弁当を思い浮かべながら、見よう見まねでチャレンジしたのですが、
朝7～8種のおかずを作るのは至難のワザ！　悪戦苦闘の毎日でした。
家庭を持ってからは人数も増えいっそう困難に。正直、重荷にも感じてきました。

そこで私は“楽しんでお弁当作りをしないとおいしいものはできない！”と心機一転。
手早くできて、負担の少ない“がんばりすぎない”お弁当を考えました。
そして試行錯誤ののちたどり着いたのが、2つのルールでした。
一つは、主菜の定番食材を決めて野菜多めの副菜バリエーションを考えること。
もう一つは、常備調味料を作りおきして味をいつも一定にすること。

主菜の定番食材を決めると買い物がラクになります。
常備調味料があると悩まずに献立作りができ、
夕食作りにも活躍するのでとても重宝します。

たったこれだけのルールで、一気にお弁当作りの負担がなくなり、
めんどうくささも半減。以来このルールに改善を重ね、
今ではバリエーションが数えきれないほどに広がりました。
もしお弁当作りで悩んでいたら、ぜひ私のやり方を試してみてください。
「これならラク」と肩の力が抜けたら、お弁当作りが楽しくなりますよ。

サルボ恭子

ご飯弁当

なんといっても、お弁当といえば「ご飯弁当」。ご飯の種類も豊富でしっかりとおなかにたまるので満足感があります。ご飯＋おかず2種（主菜＋副菜）＋口直しが基本ですが、味つけご飯やおにぎりは、おかず1種（主菜または副菜）＋口直しでOK。彩りも考えて、ふたを開けたときに見るからにおいしそうになるよう詰めましょう。

カラフル弁当

**肉だんごの地味な色に赤や緑の野菜を彩りよく加えました。
ボリュームがあって野菜がたっぷり食べられます。**

主食

ご飯　茶碗1杯分

主菜

鶏ひき肉だんご

しめじやこんにゃくに鶏肉のうまみが入って絶品。

材料と作り方　1人分

鶏ひき肉　100g
玉ねぎのみじん切り　大さじ1
しめじ　1/4パック
こんにゃく　30g
酒　小さじ1
甘辛たれ(P24参照)　大さじ3
水　50mℓ

1　ボウルに鶏ひき肉と玉ねぎ、酒を入れてよく混ぜ合わせ、3等分にして丸める。しめじは石づきを取ってほぐし、こんにゃくは短冊切りにする。

2　小鍋に甘辛たれと分量の水を入れて中火にかけ、温まったら1を入れてふたをし、ときどき上下を返しながら弱火強で5～6分煮て火を止め、そのまま冷ます。

副菜

トマト浸し

トマトは穴をあけておくと味がしみ込みます。

材料と作り方　1人分

プチトマト　3個
八方だし(P24参照)　100mℓ

1　トマトはへたを取り、楊枝でところどころ穴をあける。

2　小鍋に八方だしを入れて中火にかけ、温まったら1を入れて火を止める。トマトがだしにひたひたにつかるような小さめの容器に移し、冷めるまでおく。

口直し

残り野菜のざく切り漬け

シャキシャキ野菜の歯ごたえを楽しんで。

材料と作り方　1人分

残り野菜　適量
＊キャベツ、にんじん、ピーマン、セロリ、しょうがなど。
漬け酢(P57参照)　適量

1　残り野菜は食べやすい大きさに切る。

2　ポリ袋に1と漬け酢を入れ、よくもんで空気を抜き、口を閉じて冷蔵庫で2時間から一晩つける。

ヘルシー弁当

魚の煮物が主役だからカロリー控えめ。
ヘルシーだけれど満足感は十分です。

主食

ご飯　茶碗1杯分

主菜

生鮭と結び昆布の煮物

昆布と鮭のうまみが合体！

材料と作り方　1人分

生鮭(切り身)　1切れ
結び昆布　2個
八方だし(P24参照)　180mℓ

1 鮭は3等分に切る。
2 鍋に1と結び昆布、八方だしを入れて落としぶたをし、中火にかける。沸騰したら弱火強で6～7分煮て火を止め、そのまま冷ます。

副菜

卵と厚揚げのにんにくしょうゆ煮

しっかり味なのでご飯がすすむ。

材料と作り方　1人分

ゆで卵　1個
厚揚げ　小1枚
A ｜八方だし(P24参照)　大さじ2
　｜水　150mℓ
　｜にんにくしょうゆ(P24参照)　大さじ1
　｜砂糖　小さじ1
ごま塩　適量

1 厚揚げは4等分に切る。
2 鍋にAを入れて砂糖をよく溶かし、1と殻をむいたゆで卵を入れて落としぶたをし、中火にかける。沸騰したら弱火強で5～6分煮て火を止め、そのまま冷ます。弁当箱に詰め、ゆで卵にごま塩をふる。

口直し

にんじんとしらすの甘酢漬け

弁当に彩りを添える口直し。

材料と作り方　作りやすい分量

にんじん　$\frac{1}{3}$本
しらす　10g
甘酢(P56参照)　大さじ2

1 にんじんは皮をむいて1～2㎜厚さの輪切りにする。
2 ポリ袋に1としらす、甘酢を入れて空気を抜き、口を閉じて冷蔵庫で2時間から一晩つける。

味つけご飯弁当

**具入りのご飯とおかずで栄養バランスが抜群。
ご飯を飽きずに食べられます。**

主食

かやくご飯

風味も歯ごたえも楽しめるご飯。

材料と作り方　作りやすい分量

米　1合
鶏もも肉　25g
にんじん　10g
ごぼう　15g
干ししいたけ　1枚
＊八方だし(P24参照)で使用したもの。
油揚げ　1/4枚
八方だし(P24参照)　大さじ1 1/2

1　にんじんは皮をむいて1cm厚さの輪切りにし、十字に切って薄切りにする。しいたけは薄切りに、油揚げは細切りにする。ごぼうは包丁の背で皮をこそげ、縦に半分に切ってから斜め薄切りにする。鶏肉は1cm角に切る。

2　小鍋に八方だしと1を入れて中火にかけ、沸騰したら弱火強で材料に火が入るまで炒め煮にし、火を止めて冷ます。

3　米はといで鍋に入れる。2をざるに上げて煮汁を取り分け、米と同量になるように水を加え、1時間以上浸水する。

4　3に具材をのせてふたをし、中火にかける。沸騰したら弱火にして10分炊いて火を止め、10分蒸らす。

副菜

帆立てのマヨネーズ焼き

香ばしい帆立てとみずみずしいズッキーニを一口で。

材料と作り方　1人分

帆立て貝柱　4個
ズッキーニの薄切り　4枚
マヨネーズ　大さじ1
こしょう　適量

1　天パンにオーブンシートを敷いてズッキーニを並べ、少量のマヨネーズ、帆立てを順にのせる。さらに帆立ての上に残りのマヨネーズを塗ってこしょうをふる。

2　オーブントースターでマヨネーズに焼き色がつき、帆立てに火が通るまで焼く。

口直し

海藻の甘酢漬け

ポリ袋でつけるだけ。

材料と作り方　作りやすい分量

海藻ミックス(乾燥)　2g
きゅうりの薄切り　10枚
甘酢(P56参照)　大さじ2

1　海藻は水でもどして水けをよくきる。

2　ポリ袋に1ときゅうり、甘酢を入れて空気を抜き、口を閉じて冷蔵庫で30分から一晩つける。

おにぎり弁当

おにぎりは食べやすい大きさに。おかずは2種でOK。
青じその風味が食欲をそそります。

主食

鮭ごまおにぎり

青じその風味がおにぎりの引き立て役。

材料と作り方　1人分

ご飯　茶碗$1\frac{1}{2}$杯分
鮭のほぐし身　$\frac{1}{2}$尾分
すり白ごま　大さじ1
青じそ　2枚

1 ボウルにご飯と鮭、ごまを入れてよく混ぜ、3等分にして俵形ににぎる。
2 青じそを縦半分に切り、1を巻く。

主菜

しいたけの肉詰め煮

串に刺してしいたけと肉をしっかり合体。

材料と作り方　1人分

生しいたけ　3個
豚ひき肉(赤身)　100g
玉ねぎのみじん切り　小さじ1
カラーピーマン(赤、オレンジ)　各$\frac{1}{4}$個
八方だし(P24参照)　180mℓ
片栗粉　適量

1 しいたけは石づきを取り、かさと軸を切り分けて軸をみじん切りにする。
2 ボウルに豚肉と玉ねぎ、1の軸を入れてよく練り、3等分にして丸める。
3 カラーピーマンはそれぞれ横に3等分に切る。しいたけのかさに片栗粉をまんべんなくふり、2をくっつけて楊枝でとめる。
4 小鍋に八方だしと3を入れてふたをし、中火にかける。沸騰したら弱火強で6〜7分煮て火を止め、そのまま冷ます。

口直し

玉ねぎとアンチョビの甘酢漬け

アンチョビが味のアクセント。

材料と作り方　作りやすい分量

玉ねぎ　$\frac{1}{4}$個
アンチョビのみじん切り　1枚分
甘酢(P56参照)　大さじ2

1 玉ねぎは1cm幅のくし形切りにする。
2 ポリ袋に1とアンチョビ、甘酢を入れて空気を抜き、口を閉じて冷蔵庫で2時間から一晩つける。

ミニおにぎり弁当

**小さいおにぎりは女性向き。実はボリュームもあります。
赤色鮮やかな口直しを中央に入れると、色のアクセントに。**

主食

きのこおにぎり

電子レンジできのこに味を含ませると簡単。

材料と作り方　1人分

ご飯　茶碗$1\frac{1}{2}$杯分
しめじのみじん切り　$\frac{1}{6}$パック分
干ししいたけのみじん切り　1枚分
＊八方だし（P24参照）で使用したもの。
八方だし（P24参照）　大さじ1
焼きのり（八つ切り）　2枚

1　ボウルにきのこ類と八方だしを入れてラップをし、電子レンジで1分30秒加熱してしめじに火を通す。

2　別のボウルにご飯と1を入れて混ぜ合わせる。4等分にしてそれぞれ丸くにぎり、縦半分に切ったのりで巻く。

●竹かごのお弁当箱

竹かごは通気性がよく、蒸気のこもらないのが利点。ご飯をそのまま詰めるのはご飯がくっつくので無理ですが、おにぎりなら大丈夫。適度に水分が抜けて、乾燥しすぎることもないので、冷めてもおいしく食べられます。わが家では他にサンドイッチなどにも大活躍しています。

主菜

えびの香草パン粉焼き

色鮮やかなえびが食欲をそそる。

材料と作り方　1人分

えび（殻つき）　大3尾
香草パン粉（P25参照）　大さじ$1\frac{1}{2}$
オリーブ油　大さじ1

1　えびは殻と背わたを取り、長さを半分に切る。

2　天パンにオーブンシートを敷いて1を並べ、香草パン粉をふってオリーブ油を回しかける。オーブントースターでえびに火が通るまで6分ほど焼く。

口直し

紫キャベツのバルサミコ酢漬け

個性的な味が自慢のシンプル口直し。

材料と作り方　作りやすい分量

紫キャベツ　$\frac{1}{6}$個（約230g）
香りバルサミコ酢（P57参照）　カップ$\frac{1}{3}$

1　紫キャベツは半分に切ってから5㎜幅の細切りにする。

2　ポリ袋に1とバルサミコ酢を入れ、よくもんで空気を抜き、口を閉じて冷蔵庫で一晩つける。

常備調味料があれば すぐできる！

常備調味料をいくつか作りおきしておくと、味がいつも一定になるばかりでなく、いろいろな調味料を出す手間がないのでおかず作りがとっても簡単です。日持ちがするのでぜひ、作って活用しましょう。また、市販の調味料もいざというときに役立つので常備しておきましょう。

にんにくしょうゆ

材料　作りやすい分量

しょうゆ　150㎖
にんにく（たたいたもの）　大1かけ

保存容器にしょうゆを入れ、にんにくを加えて冷蔵庫で一晩つける。

＊冷蔵庫で3週間保存可能。

甘辛たれ

材料　作りやすい分量

しょうゆ　180㎖
みりん　120㎖
砂糖　大さじ2
酒　120㎖

材料をすべて混ぜ合わせてよく溶かし、保存容器に入れる。

＊冷蔵庫で2週間保存可能。

八方だし

材料　作りやすい分量

しょうゆ　300㎖
みりん　180㎖（しょうゆの6割）
削り節　40g
昆布（15㎝長さ）　1枚（5g）
干ししいたけ　4枚
水　1ℓ

1　鍋に削り節以外の材料をすべて入れ、冷蔵庫で一晩つける。
2　1を中火にかけ、沸騰直前に削り節を入れ、沸騰したら弱火にして3分煮て火を止める。
3　ざるにペーパータオルを敷いて2をこし、冷まして保存容器に入れる。

＊冷蔵庫で1週間保存可能。
＊こしたあとの削り節、昆布、干ししいたけは、おにぎりや味つけご飯の具、つくだ煮などに使用可。冷凍保存する場合は1ヵ月保存可能。

ねぎみそ

材料　作りやすい分量

みそ　250g
長ねぎのみじん切り　1/2本分(約60g)
砂糖　大さじ1 1/2
おろししょうが　6g
かつお節粉(なければ削り節でOK)　25g

材料をすべて混ぜ合わせ、保存容器に入れる。

＊冷蔵庫で2週間保存可能。

香草パン粉

材料　作りやすい分量

パン粉　100g
にんにくのみじん切り　30g
パセリのみじん切り　20g
塩　大さじ1

材料をすべて混ぜ合わせ、冷凍用保存袋に入れる。

＊冷凍庫で1ヵ月半保存可能。

コチュジャンたれ

材料　作りやすい分量

コチュジャン　大さじ6
しょうゆ　大さじ4
一味唐辛子　小さじ1/2
すり白ごま　大さじ6
しょうがの絞り汁　大1かけ分
ごま油　大さじ4

材料をすべて混ぜ合わせ、保存容器に入れる。

＊冷蔵庫で2週間保存可能。

牛薄切り肉のえのき巻き

豚肉のしょうが焼き風

豚薄切り肉のさやいんげん巻き

鶏もも肉の甘辛たれ焼き

牛薄切り肉のえのき巻き

肉とたれの相性が抜群。

材料と作り方　作りやすい分量

牛もも薄切り肉　6枚
えのきだけ　1パック
甘辛たれ(P24参照)　50mℓ

1　えのきだけは石づきを取って3等分にする。牛肉を2枚並べてえのき($\frac{1}{3}$量)をのせ、きつく巻く。残りも同様にして巻く。

2　鍋に甘辛たれを入れて弱火強で熱し、沸騰したら1をそっと入れてふたをし、3分ほど煮てそのまま冷ます。

豚肉のしょうが焼き風

豚肉は脂が抜けてヘルシーに。

材料と作り方　作りやすい分量

豚肩ロース薄切り肉(しょうが焼き用)　3枚
おろししょうが　小さじ1
甘辛たれ(P24参照)　大さじ3

1　小鍋に湯を沸かし、豚肉を入れてすぐ火を止める。肉の色が変わったら取り出す。

2　フライパンに甘辛たれとしょうがを入れて弱火で熱し、グツグツしてきたらすぐに火を止める。1を加えてからめ、そのまま冷ます。

豚薄切り肉のさやいんげん巻き

肉にたれがからまって美味。

材料と作り方　作りやすい分量

豚肩ロース薄切り肉　6枚
さやいんげん　9本
甘辛たれ(P24参照)　50mℓ
サラダ油　大さじ1

1　さやいんげんは生《な》り口を切り落とす。豚肉を2枚並べ、いんげんを3本のせてきつめに巻く。残りも同様にして巻く。

2　フライパンにサラダ油を弱火強で熱し、1の巻き終わりを下にして入れる。転がしながら焼き固め、ペーパータオルでフライパンの脂を拭いて甘辛たれを回しかける。たれにとろみがついたら火を止める。

鶏もも肉の甘辛たれ焼き

ジューシーな肉とれんこんの食感が絶妙。

材料と作り方　作りやすい分量

鶏もも肉　$\frac{1}{2}$枚
甘辛たれ(P24参照)　大さじ3
れんこん　40g
サラダ油　大さじ$\frac{1}{2}$

1　鶏肉は大きめの一口大に切る。れんこんは皮をむいて5㎜厚さの輪切りにする。

2　フライパンにサラダ油を弱火強で熱し、鶏肉を皮目から入れる。焼き色がついたら返し、八割方焼けたらペーパータオルでフライパンの脂を拭いて、甘辛たれとれんこんを加える。たれにとろみがついて鶏肉とれんこんに火が通ったら火を止め、そのまま冷ます。

ささ身とうずら卵の串刺し

ぶりの照り焼き

いわしの青じそはさみ焼き

いかのさっと煮

ささ身とうずら卵の串刺し

食べやすさがうれしい一品。

材料と作り方　作りやすい分量

ささ身　2本
ゆでうずら卵　4個
甘辛たれ(P24参照)　60mℓ
水　大さじ1

1　ささ身は筋を取り、うずら卵よりひと回り大きく切る。

2　鍋に甘辛たれと分量の水を入れ、1とうずら卵を加えて弱火強にかける。沸騰したらアクを取りながらささ身に火が通るまで煮て、そのまま冷ます。うずら卵とささ身を串に刺す。

いわしの青じそはさみ焼き

青魚の臭みはまったくナシ。

材料と作り方　作りやすい分量

いわし　3尾
青じそ　6枚
しょうがの薄切り　2枚
甘辛たれ(P24参照)　50mℓ
片栗粉　少々
サラダ油　大さじ1

1　いわしは頭と尻尾を切り落とし、内臓を取り出してペーパータオルで血をよく拭く。長さを半分に切り、表面に片栗粉を茶こしでふって薄くつけ、青じそを1枚巻く。残りも同様にして巻く。

2　フライパンにサラダ油を弱火強で熱し、1を並べ入れて焼く。焼き固まったら返して同じように焼き、しょうがを加え、甘辛たれを回し入れる。たれが軽く煮詰まり、魚に火が入ったら火を止める。

ぶりの照り焼き

ポリ袋で味をしみ込ませるのがコツ。

材料と作り方　作りやすい分量

ぶり(切り身)　1切れ
しし唐　4本
甘辛たれ(P24参照)　大さじ2

1　ポリ袋に材料をすべて入れて空気を抜き、口を閉じて冷蔵庫で1時間から一晩つける。

2　天パンにオーブンシートを敷いて1を並べ、オーブントースターでこんがりと色づくまで10分ほど焼く。

いかのさっと煮

いかにしっかり味がしみ込んでいます。

材料と作り方　作りやすい分量

いか　1杯(皮と内臓を取り除いて200g)
しょうがの薄切り　3枚
甘辛たれ(P24参照)　100mℓ

1　いかは足を引き抜いて軟骨を取り、胴は1cm幅の輪切りにする。えんぺらは1cm幅に切り、足は切り離す。

2　鍋にしょうがと甘辛たれを入れて弱火強にかけ、沸騰したら1を加える。箸で混ぜながら煮、いかの色が変わったらすぐに火を止め、そのまま冷ます。

●いかを固くしないコツ

いかは煮すぎると固くなってしまいます。さっと火を通す程度に煮て、そのまま煮汁に浸しておくのがコツ。こうすると、味がしっかりとしみ込んだ柔らかいいかに仕上がります。

ピーマンの甘辛たれ

にんじんのきんぴら

焼きねぎ漬け

焼きごぼう

ピーマンの甘辛たれ

まるごとピーマンがおいしい！

材料と作り方　作りやすい分量

ピーマン　3個
甘辛たれ(P24参照)　大さじ4

1 ピーマンは横半分に切ってへたをくりぬき、種を取る。
2 小鍋に甘辛たれと1を入れてふたをし、弱火強にかける。沸騰したらときどき混ぜて4〜5分煮、ピーマンが少しくったりしたら火を止め、そのまま冷ます。

にんじんのきんぴら

ごまの風味が隠し味。

材料と作り方　作りやすい分量

にんじん　$\frac{1}{3}$本
甘辛たれ(P24参照)　大さじ1
いり黒ごま　小さじ1弱
ごま油　小さじ1

1 にんじんは皮をむき、2cm長さの細切りにする。
2 フライパンにごま油と1を入れて弱火強にかけ、2〜3分炒める。にんじんがしんなりしたら甘辛たれを回し入れ、軽く煮詰めて火を止める。ごまをふりそのまま冷ます。

焼きねぎ漬け

焼き色が食欲をそそります。

材料と作り方　作りやすい分量

長ねぎ　10cm
甘辛たれ(P24参照)　大さじ2
オリーブ油　小さじ1

1 長ねぎは5等分に切り分ける。
2 フライパンにオリーブ油と長ねぎを入れてからませ、弱火強にかけて転がしながら表面に焼き色をつける。
3 長ねぎがしんなりしたら甘辛たれを加えて少し煮詰めて火を止め、そのまま冷ます。

焼きごぼう

豪快なごぼうの食感が味わえます。

材料と作り方　作りやすい分量

ごぼう　12cm
甘辛たれ(P24参照)　大さじ2
ごま油　大さじ1

1 ごぼうは包丁の背で皮をこそげ、長さを4等分に切ってから縦半分に切り、水にさらしてざるに上げる。
2 フライパンにごま油と1を入れて弱火強にかけ、3〜4分炒める。ごぼうに八割方火が通ったら甘辛たれを回し入れ、軽く煮詰めて火を止め、そのまま冷ます。

牛薄切り巻き煮

ささ身ときのこの煮物

鶏だんごの揚げ漬け

帆立てと青菜、きくらげの煮物

牛薄切り巻き煮

牛肉のうまみが存分に味わえます。

材料と作り方　作りやすい分量

牛もも薄切り肉　4枚
にんじん　20g
八方だし（P24参照）　50mℓ

1 牛肉はくるくると巻く。にんじんは皮をむいて2cm幅の乱切りにする。

2 小鍋に八方だしを入れて弱火強にかけ、沸騰したら1を加えてふたをし、4分ほど煮て火を止め、そのまま冷ます。

ささ身ときのこの煮物

しょうがの風味がおいしさを後押し。

材料と作り方　作りやすい分量

ささ身　2本
生しいたけ　2個
エリンギ　1本
しょうがの薄切り　2枚
八方だし（P24参照）　200mℓ

1 ささ身は筋を取り、それぞれ斜めに4等分に切る。しいたけは石づきを取り、2等分のそぎ切りにする。エリンギは長さを半分に切ってから縦4等分に切る。

2 小鍋に八方だし、ささ身、しょうがを入れて弱火強にかけ、沸騰したらアクをすくう。しいたけ、エリンギを加えてふたをし、3分ほど煮て火を止め、そのまま冷ます。

鶏だんごの揚げ漬け

揚げ物なのにさっぱり食べられます。

材料と作り方　作りやすい分量

鶏ひき肉　100g
紫玉ねぎのみじん切り　大さじ1
紫玉ねぎ　$\frac{1}{6}$個
八方だし（P24参照）　80mℓ
酢　大さじ1$\frac{1}{2}$
片栗粉　適量
揚げ油　適量

1 ボウルにひき肉と紫玉ねぎのみじん切りを入れてよく混ぜ合わせ、4等分にしてそれぞれ丸め、片栗粉をまぶす。紫玉ねぎは縦2等分に切る。180℃の揚げ油で鶏だんごを火が通るまで揚げ、紫玉ねぎは素揚げにする。

2 ボウルに八方だしと酢を入れて混ぜ、1をつける。

帆立てと青菜、きくらげの煮物

食感の異なる3つの食材の味わいが豊か。

材料と作り方　作りやすい分量

帆立て貝柱　4個
青梗菜《チンゲンツァイ》　$\frac{1}{2}$束
きくらげ（乾燥）　2個
八方だし（P24参照）　80mℓ

1 きくらげはぬるま湯でもどし、固いところは切り落とし、大きければ半分に切る。青梗菜は食べやすい大きさに切る。

2 小鍋に八方だしを入れて弱火強にかけ、沸騰したら1と帆立てを入れてふたをする。3分ほど煮て火を止め、そのまま冷ます。

切り干し大根の八方だし漬け

里いもの煮物

いんげんのくったり煮

竹の子煮

切り干し大根の八方だし漬け

しょうが入りだからひと味違う。

材料と作り方　作りやすい分量

切り干し大根　30g
おろししょうが　1/2かけ分
八方だし(P24参照)　大さじ2

1　切り干し大根は水でもどし、水けをしっかりきる。
2　ボウルに1としょうが、八方だしを入れ、ときどき混ぜながら30分から一晩つける。

里いもの煮物

里いも本来の味を堪能して。

材料と作り方　作りやすい分量

里いも　4個
八方だし(P24参照)　約120mℓ

1　里いもは皮をむき、半分に切る。
2　小鍋に1を入れ、八方だしをひたひたに注いでふたをし、弱火で7〜8分煮る。里いもが柔らかくなったら火を止め、そのまま冷ます。

●余熱で火を通せば煮くずれなし

里いもなどの煮物は、火を通しすぎると煮くずれてしまいます。少しだけ固さが残る程度に煮たらすぐに火を止め、そのまま冷ますだけでOK。余熱で火が通り、冷める間に味がしみ込みます。調理時間も短縮でき、煮くずれもなくて一石二鳥です。

いんげんのくったり煮

まるごとさやいんげんがジューシー。

材料と作り方　作りやすい分量

さやいんげん　6本
ちくわ　1/3本
八方だし(P24参照)　50mℓ

1　さやいんげんは生《な》り口を切り落とし、ちくわは3等分に切る。
2　小鍋に1と八方だしを入れてふたをし、弱火強にかける。上下を数回返しながら3〜4分煮て火を止め、そのまま冷ます。

竹の子煮

しっかり味がついているからご飯がすすむ。

材料と作り方　作りやすい分量

竹の子(水煮)　1/2個
八方だし(P24参照)　約60mℓ

1　竹の子は一口大に切ってよく洗い、ざるに上げて水けをきる。
2　小鍋に1を入れ、八方だしをひたひたに注いでふたをし、弱火で3分ほど煮て火を止め、そのまま冷ます。

なすの揚げ漬け

蒸し焼きパプリカ漬け

ひじき煮

厚揚げ煮

なすの揚げ漬け

切り込み効果で火も味も入りやすい。

材料と作り方　作りやすい分量

なす　1本
八方だし(P24参照)　60mℓ
揚げ油　適量

1　なすはへたを取って長さを3等分に切り、皮目に格子状の切り込みを入れる。180℃の揚げ油で1〜2分揚げる。
2　ボウルに八方だしを入れ、1をつける。

蒸し焼きパプリカ漬け

蒸し焼きでおいしさを閉じ込めて。

材料と作り方　作りやすい分量

パプリカ(赤)　1/2個
八方だし(P24参照)　大さじ2
オリーブ油　小さじ1

1　パプリカはへたと種を取り、長さを半分に切ってそれぞれ3等分に切る。
2　フライパンにオリーブ油を弱火強で熱し、1を入れてふたをする。ときどき上下を返しながら4〜5分蒸し焼きにする。八方だしを加えてふたをし、火を止めてそのまま冷ます。

ひじき煮

たったの1分火にかけるだけ。

材料と作り方　作りやすい分量

ひじき(乾燥)　15g
カラーピーマン(黄)の細切り　1/4個分
八方だし(P24参照)　60mℓ
ごま油　少々

1　ひじきは水でもどし、ざるに上げて水けをきる。
2　鍋にごま油を熱し、1とカラーピーマンを入れて軽く炒め、八方だしを加える。1分ほど炒め煮にして火を止め、そのまま冷ます。

厚揚げ煮

簡単だけれどおいしさは天下一品。

材料と作り方　作りやすい分量

厚揚げ(小)　2個(約220g)
八方だし(P24参照)　100mℓ

1　厚揚げはそれぞれ4等分に切る。
2　小鍋に1を入れ、八方だしを加えて落としぶたをし、中火にかける。沸騰したら弱火強にして5分ほど煮、火を止めてそのまま冷ます。

白ねぎと牛肉の にんにくしょうゆがけ

シャキシャキのねぎと牛肉のうまみが好相性。

材料と作り方　1人分

牛薄切り肉(しゃぶしゃぶ用)　4枚
長ねぎ(白い部分)　10cm
にんにくしょうゆ(P24参照)　大さじ1

1　長ねぎは斜め薄切りにする。

2　小鍋に湯を沸かして牛肉を入れ、火を止めて箸でゆすりながら火を通す。牛肉をボウルに入れ、1とにんにくしょうゆを加えて混ぜ合わせる。

白ねぎと牛肉のにんにくしょうゆがけ

牛肉のしそ梅風味

しその風味が牛肉を包み込みます。

材料と作り方　作りやすい分量

牛肩ロース肉(焼き肉用)　5枚
青じそ　2枚
梅干し　小1個
にんにくしょうゆ(P24参照)　大さじ1

1　梅干しは種を取り除いて包丁でたたく。青じそは縦半分に切り、たたいた梅を等分に塗る。

2　小鍋に湯を沸かして牛肉を入れ、火を止めて箸でゆすりながら火を通して引き上げる。

3　2と1を交互に重ね、にんにくしょうゆをかける。

牛肉のしそ梅風味

わかめのにんにくしょうゆソテー

きのこのにんにくしょうゆソテー

わかめの にんにくしょうゆソテー

さっぱり素材なのに味はしっかり。

材料と作り方　作りやすい分量

生わかめ　80g
絹さや　8枚
にんにくしょうゆ(P24参照)　大さじ2
ごま油　大さじ1
糸唐辛子　適量

1　わかめは一口大に切る。絹さやは生《な》り口を切り落として筋を取る。

2　フライパンにごま油を熱し、1を入れて色が鮮やかになるまで炒める。にんにくしょうゆを回し入れて火を止め、そのまま冷ます。弁当箱に詰め、糸唐辛子をのせる。

きのこの にんにくしょうゆソテー

低カロリーだけれど満足度は高い！

材料と作り方　作りやすい分量

まいたけ　1パック(約100g)
にんにくしょうゆ(P24参照)　大さじ1

1　まいたけは石づきを取る。

2　天パンにオーブンシートを敷いて1を並べ、火が通るまで焼く。にんにくしょうゆを回しかける。

豚薄切り肉のねぎみそ巻きソテー

ゆで豚だんごのねぎみそのっけ焼き

ささ身のねぎみそのせ焼き

めかじきのねぎみそ焼き

豚薄切り肉の ねぎみそ巻きソテー

一口サイズでもボリューム満点。

材料と作り方　1人分

豚肩ロース薄切り肉　3枚
ねぎみそ(P25参照)　大さじ1
サラダ油　大さじ1

1 豚肉を広げ、ねぎみそを3等分にして肉の端にのせ、それぞれくるくると巻く。

2 フライパンにサラダ油を熱し、1の巻き終わりを下にして並べ、弱火強で焼き固め、転がしながら火を通す。

ゆで豚だんごの ねぎみそのっけ焼き

さっぱりだんごをねぎみそで濃厚味に。

材料と作り方　1人分

豚ひき肉(赤身)　100g
長ねぎのみじん切り　20g
れんこんのみじん切り　20g
酒　大さじ1
ねぎみそ(P25参照)　大さじ1

1 ボウルにねぎみそ以外の材料をすべて入れ、よく練り合わせる。3等分にして丸める。

2 鍋に湯を沸かし、1を入れて浮いてくるまでゆで、取り出す。

3 ねぎみそを3等分にし、2にのせる。

ささ身のねぎみそのせ焼き

隠し味の練りごまが香ばしさをアップ。

材料と作り方　作りやすい分量

ささ身　2本
ねぎみそ(P25参照)　大さじ1強
練り白ごまペースト　小さじ1
サラダ油　大さじ1弱

1 ささ身は筋を取り、1本を2等分に切ってめん棒でたたいて平らにのばす。

2 ボウルにねぎみそと練りごまを入れて混ぜ合わせ、1の片面にそれぞれ塗ってくるくると巻く。

3 フライパンにサラダ油を熱し、2の巻き終わりを下にして入れ、焼き固める。転がしながら火を通す。

めかじきのねぎみそ焼き

酒のアテにもイケる一品。

材料と作り方　1人分

めかじき(切り身)　1切れ
ねぎみそ(P25参照)　大さじ1
オリーブ油　小さじ1/2

1 ボウルにねぎみそとオリーブ油を入れて混ぜ合わせる。

2 めかじきは2等分に切り、それぞれに1をのせる。天パンにオーブンシートを敷いて並べ、オーブントースターで火が通るまで10分ほど焼く。

キャベツのねぎみそ煮

ねぎみそのり巻き

ブロッコリーのねぎみそのせ

しいたけのねぎみそのせ

キャベツのねぎみそ煮

ねぎみそでパンチのあるキャベツに。

材料と作り方　作りやすい分量

キャベツ　$\frac{1}{4}$個
ねぎみそ(P25参照)　大さじ2
水　80㎖
一味唐辛子　少々

1　キャベツは大きめの一口大に切る。

2　鍋に1とねぎみそ、分量の水を入れてふたをし、中火にかける。沸騰したら弱火強にし、7〜8分煮て火を止め、そのまま冷やす。弁当箱に詰めて一味唐辛子をふる。

ブロッコリーのねぎみそのせ

こんがり焼いてねぎみその風味をアップ。

材料と作り方　1人分

ブロッコリー　3房
ねぎみそ(P25参照)　大さじ1 $\frac{1}{2}$
オリーブ油　小さじ1

1　ボウルにねぎみそとオリーブ油を入れてよく混ぜ合わせる。

2　天パンにオーブンシートを敷いてブロッコリーを並べ、1を3等分にしてのせる。オーブントースターでブロッコリーに火が通るまで5〜6分焼く。

ねぎみそのり巻き

ひよこ豆がねぎみそのおいしさの後押し役。

材料と作り方　1人分

ひよこ豆(水煮缶)　20粒
ねぎみそ(P25参照)　大さじ1
焼きのり(八つ切り)　3枚

1　ボウルにひよこ豆を入れてフォークで細かくつぶし、ねぎみそを加えて混ぜ合わせ、3等分にする。

2　のりの端に1をのせ、くるくると巻く。

●味の変化球に活躍するねぎみそ

なじみのある八方だしや甘辛たれに比べて、出番が少ないように思えるねぎみそですが、いつもの味に変化をつけたいときにとても重宝する常備調味料です。のりで巻くだけでもいいし、葉物野菜やかまぼこにはさんだり、ちょっと塗って焼くだけでアクセントのある一品に仕上がります。

しいたけのねぎみそのせ

香ばしいねぎみそがしいたけの味を引き立てます。

材料と作り方　1人分

生しいたけ　小3個
ねぎみそ(P25参照)　大さじ1 $\frac{1}{2}$
オリーブ油　小さじ1

1　ボウルにねぎみそとオリーブ油を入れてよく混ぜ合わせる。

2　しいたけは軸を切り取る。天パンにオーブンシートを敷いてしいたけのかさを下にして並べ、1を3等分にしてのせる。オーブントースターでしいたけに火が通るまで5〜6分焼く。

サーモンの香草パン粉焼き

カリッと焼いたパン粉が香ばしい。

材料と作り方　作りやすい分量

生サーモン（厚切りの切り身）　1枚
アスパラガス　2本
香草パン粉（P25参照）　大さじ1 1/2
オリーブ油　大さじ1

1　サーモンは皮を取って、大きめの一口大に切る。アスパラガスは茎の固いところを切り落とし、縦半分に切ってから長さを3等分に切る。

2　天パンにオーブンシートを敷いてアスパラガスを並べる。サーモン、香草パン粉を順にのせ、オリーブ油を回しかけて、オーブントースターで火が通るまで7〜8分焼く。

サーモンの香草パン粉焼き

里いもの香草パン粉まぶし

口の中でカリカリとこっくりが楽しめます。

材料と作り方　作りやすい分量

里いも（ゆでたもの）　小4個
香草パン粉（P25参照）　大さじ1
オリーブ油　大さじ1

1　天パンにオーブンシートを敷いて里いもを並べ、香草パン粉を散らして、オリーブ油を回しかける。

2　オーブントースターでこんがりと焼けるまで3〜4分焼く。

里いもの香草パン粉まぶし

ゆで豚の
コチュジャンたれかけ

たれをかけるだけで肉がガツガツ食べられます。

材料と作り方　作りやすい分量

豚肩ロースかたまり肉　400g
塩　4g
コチュジャンたれ(P25参照)　適量
フリルレタス　適量

1 豚肉は塩をすり込み、冷蔵庫で、一晩おく。
2 鍋に1を入れ、かぶるくらいの水を加えて中火にかける。沸騰したらアクを取ってふたをし、静かに沸騰している状態で40分ほど煮る。串を刺してすっと通ったら火を止め、そのまま冷ます。
3 豚肉を取り出してスライスし、弁当箱に詰めてコチュジャンたれをかけ、フリルレタスを添える。

ズッキーニグリル

チーズのコクがズッキーニのおいしさを後押し。

材料と作り方　作りやすい分量

ズッキーニ　1/2本
卵　1個
パルメザンチーズのすりおろし　大さじ1
塩　少々
こしょう　適量
オリーブ油　大さじ1
コチュジャンたれ(P25参照)　適量
貝割れ菜　適量

1 ズッキーニは薄切りにする。
2 ボウルに卵を割りほぐし、チーズ、塩、こしょうを加えて混ぜ、1にからめる。
3 フライパンにオリーブ油を熱し、2のズッキーニを2枚ずつ重ねて焼く。焼き色がついたら返してもう片面を焼く。弁当箱に詰めてコチュジャンたれをかけ、貝割れ菜を添える。

ささ身のマスタード焼き

サーモンのマスタード焼き

にんじんサラダのマスタード風味

ポテトサラダのマスタード風味

ささ身のマスタード焼き

マスタードでささ身が極ウマ料理に。

材料と作り方　作りやすい分量

ささ身　2本
じゃがいもの薄切り　3枚
粒マスタード　大さじ2
マヨネーズ　小さじ1

1 ささ身は筋を取って1本を3等分に切る。じゃがいもは1枚を2等分に切る。
2 ボウルに粒マスタードとマヨネーズを入れて混ぜ合わせる。
3 天パンにオーブンシートを敷いてじゃがいもを並べ、ささ身をのせ、2を表面に塗る。オーブントースターで火が通るまで6〜7分焼く。

サーモンのマスタード焼き

弁当だけでなくワインにも合う絶品おかず。

材料と作り方　作りやすい分量

生サーモン(ブロック)　100g
紫玉ねぎ　小1/4個
イエローマスタード　大さじ2
パセリのみじん切り　大さじ1
こしょう　適量

1 サーモンは2等分に切る。紫玉ねぎは2等分のくし形切りにする。
2 ボウルにマスタード、パセリ、こしょうを入れて混ぜ合わせる。
3 天パンにオーブンシートを敷いて1を並べ、2を表面に塗る。オーブントースターで火が通るまで7〜8分焼く。

にんじんサラダのマスタード風味

口に入れるとマスタードのアクセントに驚き！

材料と作り方　作りやすい分量

にんじん　小1/2本
A｜イエローマスタード　大さじ1
　｜オリーブ油　大さじ1
　｜塩　少々
パセリのみじん切り　適量

1 にんじんは皮をむき、4㎝長さのせん切りにする。
2 ポリ袋に1とAを入れてよくもみ、空気を抜いて口を閉じ、冷蔵庫で1時間から一晩つける。弁当箱に詰め、パセリをのせる。

ポテトサラダのマスタード風味

風味豊かでいくらでも食べられる絶品サラダ。

材料と作り方　作りやすい分量

じゃがいも　2個
にんにくの薄切り　1かけ分
パセリのみじん切り　大さじ1強
粒マスタード　大さじ3
マヨネーズ　大さじ3

1 じゃがいもは皮をむき、一口大に切る。
2 鍋に1とにんにくを入れ、かぶるくらいの水を注いで中火にかける。沸騰したら弱火にし、柔らかくなるまで10分ほどゆでてざるに上げる。
3 ボウルに2を入れてフォークでつぶし、粒マスタードとパセリ、マヨネーズを加えてよく混ぜ合わせる。

鶏肉のマヨネーズからめ

アスパラガスのマヨネーズからめ

れんこんのマヨネーズドレッシング和え

ゆで卵とミニトマトのマヨネーズサラダ

鶏肉のマヨネーズからめ

焼いてからめるだけででき上がり！

材料と作り方　1人分

鶏もも肉　$\frac{1}{2}$枚
塩　小さじ$\frac{1}{4}$
こしょう　小さじ1
オリーブ油　大さじ$\frac{1}{2}$
マヨネーズ　大さじ1

1 鶏肉に塩、こしょうをし、オリーブ油をからめる。
2 天パンにオーブンシートを敷いて1の皮目を上にして置き、オーブントースターで火が通るまで10分ほど焼く。
3 ボウルに2を入れてマヨネーズをからめ、冷めたら3等分に切る。

アスパラガスの マヨネーズからめ

練りごまがマヨネーズにコクをプラス。

材料と作り方　1人分

アスパラガス　2本
マヨネーズ　大さじ1 $\frac{1}{2}$
練り白ごまペースト　大さじ1弱

1 アスパラガスは茎の固いところを切り落とし、長さを半分に切ってゆでる。
2 ボウルに1とマヨネーズ、練り白ごまペーストを入れてからめる。

れんこんの マヨネーズドレッシング和え

さっぱりしているのに味は濃厚です。

材料と作り方　1人分

れんこん　4cm
マヨネーズ　大さじ2
パルメザンチーズのすりおろし　大さじ2
酢　小さじ1
こしょう　適量

1 れんこんは皮をむいて1×4cmの棒状に切る。鍋に湯を沸かしてれんこんに火が通るまでゆで、ざるに上げて水けをきる。
2 ボウルに1を入れ、マヨネーズ、チーズ、酢を加えて和える。弁当箱に詰めてこしょうをふる。

ゆで卵とミニトマトの マヨネーズサラダ

口の中ではじけるミニトマトの酸味が隠し味。

材料と作り方　作りやすい分量

ゆで卵　3個
ミニトマト　6個
マヨネーズ　大さじ4
ドライトマトのみじん切り　小さじ1
塩、こしょう　各適量

1 ゆで卵は1.5cm角に切る。ミニトマトはへたを取って縦半分に切る。
2 ボウルに1とマヨネーズ、ドライトマト、塩、こしょうを入れて混ぜ合わせる。

ゆで玉ねぎの
ウスターソースからめ

からまった削り節がソースのうまみを倍増。

材料と作り方　作りやすい分量

玉ねぎ　1/4個
ウスターソース　大さじ1強
削り節　適量

1. 玉ねぎは3等分のくし形切りにし、さっとゆでてざるに上げる。
2. ボウルに1を入れ、ウスターソースと削り節を加えてからめる。

ゆで玉ねぎのウスターソースからめ

ゆで卵のオイスター煮

味の決め手は八角の風味。

材料と作り方　作りやすい分量

ゆで卵　2個
八角　1個
オイスターソース　大さじ2
水　カップ1/2

小鍋にゆで卵が動かないようにぴったり入れ、残りの材料をすべて加えてふたをし、弱火強にかける。ときどき上下を返しながら5分煮、そのまま冷ます。

●ゆで卵は子どもの大好物

ただのゆで卵でもおいしいのですが、八角入りのオイスターソース煮にしたゆで卵の味は別格です。口に入れるとパンチのある味に驚き！　ワンランク上のゆで卵としてわが家の子どもたちに大人気です。

ゆで卵のオイスター煮

かぶのゆずこしょう和え

かぶのゆずこしょう和え

ぴりっとしたゆずこしょうが味のアクセント。

材料と作り方　作りやすい分量

かぶ　1個
塩　小さじ1/3
ゆずこしょう　小さじ1/2

1　かぶは皮をむき、葉元を1cm残して葉を切り落とす。縦半分に切ってから6等分のくし形切りにする。

2　ポリ袋に1と塩を入れてよくもみ、空気を抜いて口を閉じ、冷蔵庫で1時間から一晩つける。

3　ボウルに2のかぶを入れ、ゆずこしょうを加えて和える。

わかめのゆずこしょう風味

わかめのゆずこしょう風味

パンチのきいたわかめに驚き!

材料と作り方　1人分

生わかめ　30g
ゆずこしょう　小さじ1/4
オリーブ油　大さじ1/2

わかめは食べやすい大きさに切って、ボウルに入れる。ゆずこしょうと、オリーブ油を加えてよく混ぜ合わせる。

和える、まぶすだけ

ほうれんそうの塩昆布和え

作りやすい分量／鍋に湯を沸かしてほうれんそう1束をゆで、ざるに上げる。水けをよく絞って根元を切り落とし、3cm長さに切る。ボウルに入れ、塩昆布大さじ1を加えて和える。

わかめのアンチョビ和え

1人分／生わかめ15gは一口大に切ってボウルに入れ、アンチョビのみじん切り1枚分、オリーブ油小さじ1を加えて和える。

三つ葉の青のりまぶし

1人分／鍋に湯を沸かして根三つ葉2本をゆで、ざるに上げる。水けをよく絞って根元を切り落とし、3cm長さに切る。ボウルに入れ、青のり小さじ1、しょうゆ少々を加えてまぶす。

ゆで豆とオリーブのドライトマトまぶし

1人分／ブラックオリーブ(種なし)2個は薄切りにしてボウルに入れ、ミックスビーンズ(ドライパック)50g、ドライトマトのみじん切り小さじ1、オリーブ油小さじ1を加えてまぶす。

うずら卵ときゅうりのごまラー油和え

作りやすい分量／ボウルにきゅうりの輪切り20枚を入れ、塩を2つまみ加えて混ぜて15分おく。水けをしっかり絞り、うずら卵（ゆでたもの）6個、すり白ごま小さじ1、ラー油少々を加えて和える。

ブロッコリーのちりめんじゃこ和え

1人分／鍋に湯を沸かしてブロッコリー3房をゆで、ざるに上げて水けをきる。ボウルに入れ、ちりめんじゃこ大さじ1$\frac{1}{2}$、オリーブ油小さじ1を加えて和える。

ゆでしめじの白ごままぶし

作りやすい分量／鍋に湯を沸かして石づきを取ったしめじ$\frac{1}{2}$パックをゆで、ざるに上げて水けをきる。フライパンに粗みじん切りにしたくるみ3粒分を入れて弱火で炒り、香りがしてきたら火を止めて冷ます。ボウルにしめじとくるみを入れ、練り白ごまペースト小さじ1、八方だし（P24参照）大さじ1$\frac{1}{2}$を加えてまぶす。

山いもの梅おかか和え

1人分／山いも9cmは皮をむき、3cm長さの棒状に切る。梅干し1個は種を除いて包丁でたたいてボウルに入れ、削り節3gを加えて混ぜる。山いもを加えて和える。

口直しいろいろ

かぶとミニトマトの
甘酢漬け

パプリカの
甘酢漬け

割り干し大根の
甘酢漬け

口直しいろいろ

ゆでれんこんの
バルサミコ酢漬け
ぶどうの
バルサミコ酢漬け
にんじんとあんずの
マリネ
キャベツのしそ漬け

口直し
いろいろ

口直しはお漬物のようなもの。口の中の味を切り替える効果があるので、さっぱりとした酢で味つけを。常備調味料と同じく、3つのアレンジ酢を作りおきしておくと便利。材料をポリ袋に入れてつけるだけで完成です。

甘酢

酸味がとがっていなくて甘みとのバランスがいい。
野菜はもちろん、魚介や海藻などにもよく合います。

材料と作り方　作りやすい分量（でき上がり約480mℓ）

米酢　カップ1
砂糖　80g
水　カップ1

材料をすべて混ぜ合わせる。
＊保存容器に入れて冷蔵庫で1週間保存可能。

かぶとミニトマトの甘酢漬け

作りやすい分量／ミニトマト6個はへたを取り、楊枝でところどころ穴をあける。かぶ1個は皮をむき1.5cm角に切る。ポリ袋に甘酢（上記参照）カップ$\frac{1}{3}$とともに入れ、空気を抜いて口を閉じ、冷蔵庫で2時間から一晩つける。

パプリカの甘酢漬け

作りやすい分量／パプリカ（黄、オレンジ）各$\frac{1}{2}$個はへたと種を取り、2.5cm角に切る。ポリ袋に甘酢（上記参照）カップ1とともに入れ、空気を抜いて口を閉じ、冷蔵庫で一晩つける。

割り干し大根の甘酢漬け

作りやすい分量／割り干し大根（乾燥）30gはぬるま湯でもどし、水けをぎゅっと絞る。ポリ袋に塩昆布大さじ1とおろししょうが1かけ分、甘酢（上記参照）カップ$\frac{1}{4}$とともに入れ、空気を抜いて口を閉じ、冷蔵庫で一晩つける。

漬け酢

**きりっと酸味をきかせた調味酢。
ゆでた肉や魚にかけるとマリネのような味わいに。**

材料と作り方　作りやすい分量(でき上がり約520mℓ)

白ワインビネガー　カップ1
砂糖　大さじ1
塩　小さじ1弱
水　カップ1$\frac{1}{2}$

材料をすべて混ぜ合わせる。
＊保存容器に入れて冷蔵庫で1週間保存可能。

にんじんとあんずのマリネ

作りやすい分量／にんじん$\frac{1}{2}$本は皮をむき1×3cmの棒状に切る。あんず(乾燥)小2個は1個を3等分に切る。ポリ袋に漬け酢(上記参照)カップ$\frac{1}{3}$とともに入れ、空気を抜いて口を閉じ、冷蔵庫で一晩つける。

キャベツのしそ漬け

作りやすい分量／キャベツ$\frac{1}{4}$個は4cm角に切る。穂じそ8本はしごいて穂を取る。ポリ袋に漬け酢(上記参照)カップ1$\frac{1}{3}$とともに入れ、よくもんで空気を抜いて口を閉じ、冷蔵庫で3時間から一晩つける。

香りバルサミコ酢

**コクがあり、漬け酢と同様に使えますが、
食材の色が濃いものやアクの強いものにも合います。**

材料と作り方　作りやすい分量(でき上がり約180mℓ)

バルサミコ酢　180mℓ
ローリエ　2枚

鍋にバルサミコ酢と半分にちぎったローリエを入れて中火にかける。湯気が出てきたら火を止め、そのまま冷ます。
＊保存容器に入れて冷蔵庫で2週間保存可能。

ゆでれんこんのバルサミコ酢漬け

作りやすい分量／れんこん4cmは皮をむき、縦4等分に切ってから繊維に垂直に3mm幅に切る。鍋に湯を沸かしてゆで、れんこんに火が通ったら取り出してざるに上げ、水けをきる。ポリ袋にれんこんと香りバルサミコ酢(上記参照)大さじ2、水大さじ1$\frac{1}{2}$、塩小さじ$\frac{1}{3}$を入れ、空気を抜いて口を閉じ、冷蔵庫で2時間から一晩つける。

ぶどうのバルサミコ酢漬け

作りやすい分量／小鍋に黒ぶどう(種なし)6粒を動かないようにぴったり入れて香りバルサミコ酢(上記参照)カップ$\frac{1}{3}$を注ぎ入れ、ふたをして弱火強にかける。ときどき上下を返しながら5分ほど煮て火を止め、そのまま冷ます。

卵焼き〈混ぜて焼く〉

おかずの中でもダントツ人気の卵焼き。
基本の焼き方をマスターして、きれいに焼き上げましょう。
小さいサイズの卵焼き器(P11参照)を使うと便利です。

プレーンの場合

材料と作り方　1人分

卵　2個
塩　2つまみ
サラダ油　小さじ2

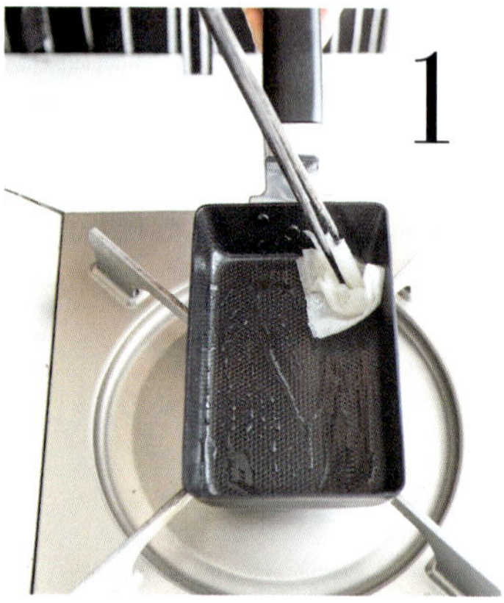

ボウルに卵を割り入れ、塩を加えて箸でよく混ぜる。ペーパータオルにサラダ油をしみ込ませ、卵焼き器にまんべんなく塗って弱火強にかける。

温まったら卵液の$\frac{1}{3}$量を流し入れて、箸でぐるぐると混ぜる。

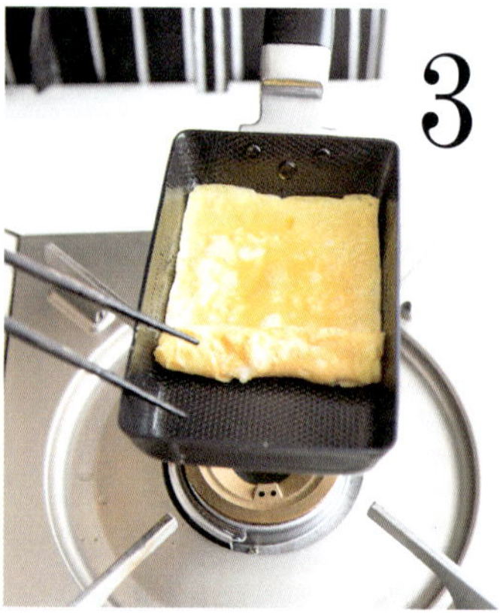

卵が半熟になり、傾けても流れない程度に固まったら、奥から手前に箸でくるくると巻く。

巻いた卵を奥まで移動し、再びサラダ油をまんべんなく塗り、残りの卵液の$\frac{1}{2}$量を流し入れる。このとき先に焼いた卵の下にも卵液を流し入れる。

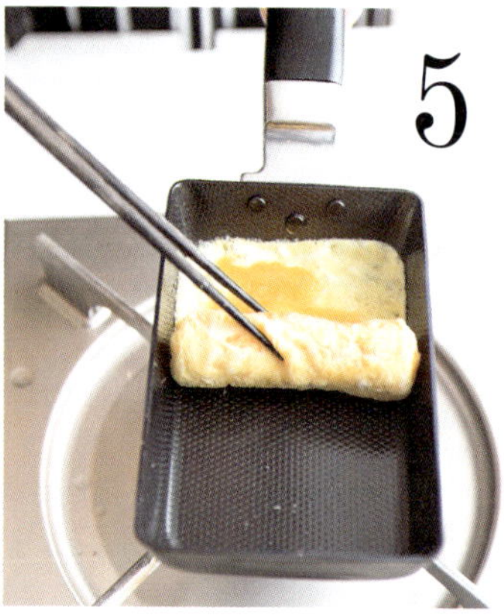

卵が半熟になり、傾けても流れない程度に固まったら、奥から手前に向かってくるくると巻く。残りの卵液も同様にして焼く。

ラップで包み、両端をぎゅっと絞って粗熱を取る。

＊甘めにしたいときは、作り方1で砂糖小さじ$\frac{1}{2}$と塩1つまみを加える。

刻みきのこ

プレーンの卵焼きの作り方（P58参照）と同じ。ただし、作り方1でボウルに卵を割り入れ、干ししいたけ［八方だし（P24参照）で使用したもの］のみじん切り1枚分を加えて箸でよく混ぜる。

明太にら

プレーンの卵焼きの作り方（P58参照）と同じ。ただし、作り方1でボウルに卵を割り入れ、薄皮を取った辛子明太子$\frac{1}{4}$腹とにらの小口切り1本分を加えて箸でよく混ぜる。

ツナパセリ

プレーンの卵焼きの作り方（P58参照）と同じ。ただし、作り方1でボウルに卵を割り入れ、油をきったツナ（缶詰／かたまりタイプ）1缶（70g）、パセリのみじん切り大さじ1、トマトピュレ小さじ1を加えて箸でよく混ぜる。

キャベツと桜えび

プレーンの卵焼きの作り方（P58参照）と同じ。ただし、作り方1で耐熱ボウルにキャベツの細切り小1枚分を入れて電子レンジで1分30秒加熱し、卵を割り入れて桜えび4gとウスターソース小さじ$\frac{1}{2}$を加えて箸で混ぜる。

ひき肉

プレーンの卵焼きの作り方（P58参照）と同じ。ただし、作り方1でボウルに卵を割り入れ、肉みそ（P67参照）大さじ2を加えて箸でよく混ぜる。

卵焼き〈具を入れて焼く〉

ソーセージの場合

材料と作り方　1人分

卵　2個
ソーセージ　1本(20g)
塩　1つまみ
サラダ油　小さじ2

ボウルに卵を割り入れ、塩を加えて箸でよく混ぜる。ペーパータオルにサラダ油をしみ込ませ、卵焼き器にまんべんなく塗って弱火強にかける。

温まったら卵液の$\frac{1}{3}$量を流し入れて、箸でぐるぐると混ぜる。

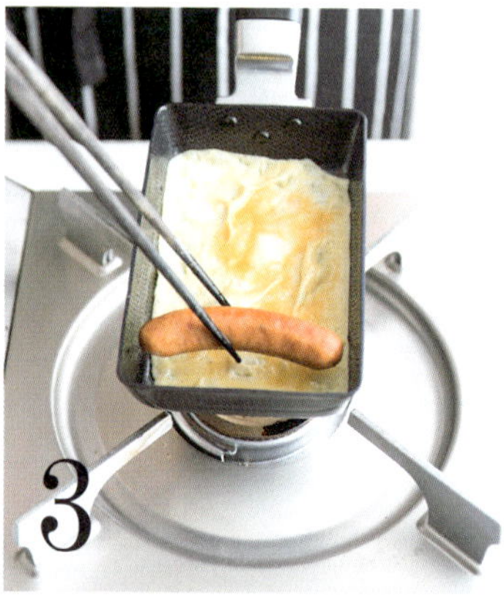

卵が半熟になり、傾けても流れない程度に固まったら、ソーセージを奥側に置く。奥から手前に箸でくるくると巻く。

巻いた卵を奥まで移動し、再びサラダ油をまんべんなく塗り、残りの卵液の$\frac{1}{2}$量を流し入れる。このとき先に焼いた卵の下にも卵液を流し入れる。

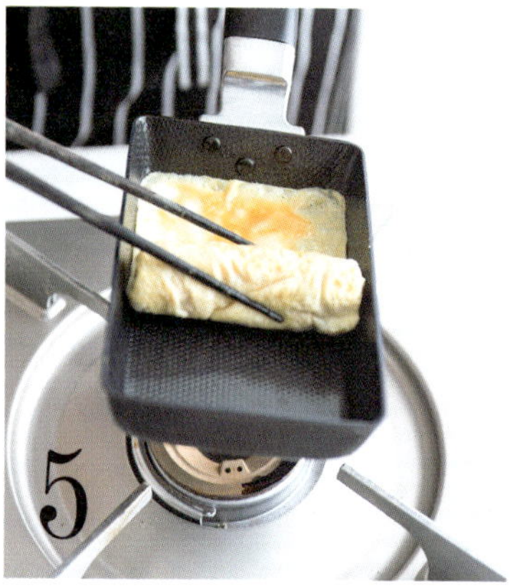

卵が半熟になり、傾けても流れない程度に固まったら、奥から手前に向かってくるくると巻く。残りの卵液も同様にして焼く。

ラップで包み、両端をぎゅっと絞って粗熱を取る。

しらす

ソーセージの卵焼きの作り方(P60参照)と同じ。ただし、作り方3で卵が半熟になり、傾けても流れない程度に固まったら、しらす10gを奥側に置いて奥から手前に箸でくるくると巻き、巻いた卵を奥まで移動する。

う巻き

うなぎのかば焼き40gは縦1.5cm幅に切り、横にして卵焼き器の幅に合わせて切る。あとはソーセージの卵焼きの作り方(P60参照)と同じ。ただし、作り方3で卵が半熟になり、傾けても流れない程度に固まったら、うなぎを2枚重ねて置いて奥から手前に箸でくるくると巻き、巻いた卵を奥まで移動する。

いんげん

さやいんげん4本はゆでてざるに上げて冷まし、卵焼き器の幅に合わせて切る。あとはソーセージの卵焼きの作り方(P60参照)と同じ。ただし、作り方3で卵が半熟になり、傾けても流れない程度に固まったら、さやいんげんを奥側に置いて奥から手前に箸でくるくると巻き、巻いた卵を奥まで移動する。

たらこのり

焼きのり(四つ切り)3枚は卵焼き器の縦の長さに合わせて切り、たらこ1/2腹は卵焼き器の横の長さに合わせて切る。あとはソーセージの卵焼きの作り方(P60参照)と同じ。ただし、作り方3で卵が半熟になり、傾けても流れない程度に固まったら、のりを縦に置き、たらこを奥側ののりの上に置いて奥から手前に箸でくるくると巻き、巻いた卵を奥まで移動する。

おかか

ソーセージの卵焼きの作り方(P60参照)と同じ。ただし、作り方3で卵が半熟になり、傾けても流れない程度に固まったら、削り節8gを奥側に置いて奥から手前に箸でくるくると巻き、巻いた卵を奥まで移動する。

味つけご飯
いろいろ

肉や魚、野菜などの具が入ったご飯は、それだけで見た目も味も満足できます。
いつものご飯にちょっと変化をつけたいときに作りましょう。

あさりご飯

れんこんご飯

きゅうりとうなぎの
混ぜご飯

味つけご飯いろいろ

浅漬けなすと香味ご飯

ドライトマトライス

ひじきライス

あさりご飯

貝のうまみを吸ったご飯が絶品。

材料と作り方　作りやすい分量

米　1 1/2合
あさり（砂出ししたもの）　10個
ごぼう　10cm
油揚げ　1/2枚
絹さや　5枚
八方だし（P24参照）　カップ1/4

1 米はといでざるに上げ、水けをきる。

2 ごぼうは包丁の背で皮をこそげ、縦半分に切り、斜め薄切りにし、水にさらしてざるに上げる。油揚げは縦2等分に切ってから細切りにする。絹さやはへたと筋を取り、斜め2等分に切る。

3 鍋に2、あさり、八方だしを入れてふたをし、中火にかける。沸騰したら弱火にして3分ほど煮、火を止めて冷ます。冷めたらあさりの殻を取り除く。

4 3をざるに上げて煮汁と具に分け、煮汁を計量して水と合わせて270mℓにする。炊飯器の内釜に米とともに入れ、1時間以上浸水させる。

5 4で取り分けた具をのせ、スイッチを入れる。

れんこんご飯

シャキシャキの歯ごたえが楽しめます。

材料と作り方　作りやすい分量

温かいご飯　軽く茶碗3杯分
れんこん　6cm
小松菜　2株
ピーナッツの粗みじん切り
　大さじ1 1/2
ごま油　大さじ1
ナンプラー　大さじ1 1/2

1 れんこんは皮をむいて縦4等分にしてから5mm幅に切る。小松菜は根元を切り落として刻む。

2 鍋にごま油を熱し、1を入れて炒める。小松菜がしんなりしたらナンプラーを加えて混ぜ、火を止めて冷ます。

3 ボウルにご飯、2、ピーナッツを入れてよく混ぜ合わせる。

きゅうりとうなぎの混ぜご飯

きゅうりの食感がアクセント。

材料と作り方　作りやすい分量

温かいご飯　軽く茶碗3杯分
きゅうりの薄切り　1本分
うなぎのかば焼き　1串（80g）
卵　2個
すり白ごま　大さじ2
塩　小さじ1/4

1 ボウルにきゅうりを入れて塩を加えて混ぜ、15分おいて水けを絞る。うなぎは縦1.5cm幅に切ってから5mm長さに切る。卵は耐熱容器に割りほぐして電子レンジで30秒加熱して混ぜ、再び30秒加熱して混ぜる。様子を見てさらに10秒ずつ加熱してぽろぽろした炒り卵を作る。

2 別のボウルにご飯、1、ごまを入れてよく混ぜ合わせる。

浅漬けなすと香味ご飯

香りがたまらない混ぜご飯。

材料と作り方　作りやすい分量

温かいご飯　軽く茶碗3杯分
なす　2本
みょうが　2個
青じそ　5枚
おろししょうが　大さじ$1\frac{1}{2}$
塩　小さじ$\frac{2}{3}$

1 なすは、へたを切り落として縦半分に切り、斜め薄切りにして水にさらし、ざるに上げる。ボウルになすを入れて塩を加えて混ぜ、15分おいて水けを絞る。みょうがは薄切りにする。青じそは縦半分に切ってから繊維に垂直にせん切りにする。

2 別のボウルにご飯、1、しょうがを入れてよく混ぜ合わせる。

ドライトマトライス

赤い色のご飯が食欲をそそります。

材料と作り方　作りやすい分量

米　$1\frac{1}{2}$合
水　270mℓ
ドライトマトのみじん切り　20g
にんじん　$\frac{1}{3}$本
さやいんげん　5本
塩　小さじ1弱
オリーブ油　大さじ1

1 米はといでざるに上げ、水けをきる。にんじんは皮をむいて5㎜角に切る。さやいんげんは生《な》り口を切り落として5㎜幅の小口切りにする。

2 炊飯器の内釜に1と残りの材料を入れて1時間以上浸水させ、スイッチを入れる。

ひじきライス

ひじきとブロッコリーの意外な組み合わせが絶品。

材料と作り方　作りやすい分量

温かいご飯　軽く茶碗3杯分
ひじき(乾燥)　10g
アンチョビフィレ　3枚
ブロッコリーの粗みじん切り　3房分
にんにくのみじん切り　$\frac{1}{3}$かけ分
オリーブ油　大さじ$1\frac{1}{2}$
こしょう　適量

1 ひじきは水でもどしてざるに上げ、水けをきる。

2 鍋にオリーブ油を熱し、1、アンチョビ、ブロッコリー、にんにくを入れ、ブロッコリーがしんなりするまで炒めて火を止め、冷ます。

3 ボウルにご飯、2、こしょうを入れてよく混ぜ合わせる。

おにぎりいろいろ

**おにぎりは食べやすいので、お弁当には欠かせません。
三角や俵形ににぎって変化をつけて。
のりを巻いたり、ご飯に具を入れてバリエーションをつけましょう。**

塩むすびの場合

材料と作り方　2個分

ご飯　200g
塩　小さじ$\frac{1}{2}$

ご飯に塩を加える。

しゃもじでよく混ぜる。

手に水をつけて湿らす。

ご飯の$\frac{1}{2}$量を手に取る。

もう一方の手でぎゅっと数回にぎって形作る。残りのご飯も同様にしてにぎる。
＊形作ったらそれ以上にぎらないこと。にぎりすぎるとご飯がつぶれてしまう。

おにぎりいろいろ

＊ご飯はすべて200g（2個分）です。
＊具材はすべて2個分です。

肉みそ

ボウルに鶏ももひき肉30g、ねぎみそ（P25参照）小さじ1、酒小さじ$\frac{1}{2}$を入れて混ぜ合わせ、フライパンで肉に火が通るまで弱火で炒める。ご飯に具を混ぜてにぎる。

昆布きゅうり

きゅうり$\frac{1}{2}$本は薄切りにして塩小さじ$\frac{1}{3}$をまぶす。きゅうりがしんなりしたらしっかり水けを絞り、塩昆布8gと混ぜ合わせる。ご飯に具を入れてにぎる。

しらす青のり

ボウルにしらす20gと青のり大さじ$\frac{1}{2}$を入れて混ぜ合わせる。ご飯に具を混ぜてにぎる。

梅ねぎ

梅干し1個は種を取り、包丁でよくたたいて、長ねぎのみじん切り大さじ1と混ぜ合わせる。ご飯に具を入れてにぎる。

しそにんにく

ボウルに青じその粗みじん切り2枚分とにんにくしょうゆ（P24参照）小さじ1を入れて混ぜ合わせる。ご飯に具を入れてにぎる。

紅しょうがおかか

ボウルに紅しょうがのみじん切り15gの水分をしっかりきって入れ、削り節10gを加えてよく混ぜ合わせる。ご飯に具を入れてにぎる。

セロリゆずこしょう

セロリの薄切り1本分は塩小さじ$\frac{1}{3}$をまぶす。しんなりしたら水けをしっかり絞り、ゆずこしょう小さじ1を加えて混ぜ合わせる。玄米ご飯に具を入れてにぎる。

おすすめの
ご飯弁当組み合わせ

ここでは、ご飯とおかずの組み合わせ例を4つご紹介します。
組み合わせはお好みで大丈夫なので、詰め方などを参考にしてください。

和風弁当

和風ですがポテトサラダが
ご飯によく合います。

ご飯

【主菜】いわしの青じそはさみ焼き(P28参照)

【副菜】ポテトサラダのマスタード風味(P46参照)

【口直し】かぶとミニトマトの甘酢漬け(P54／56参照)

＊ご飯にいり白ごまをふる。仕切りにレタスを使用。

しょうが焼き丼風弁当

しょうが焼きをご飯にのせた
ボリューム満点のお弁当。

ご飯

【主菜】豚肉のしょうが焼き風(P26参照)

【副菜】いんげんのくったり煮(P34参照)

【口直し】パプリカの甘酢漬け(P54／56参照)

＊肉の下にせん切りレタスを使用。

鶏肉入りおにぎり弁当

かみごたえのある玄米のおにぎりに
甘酸っぱい口直しを添えて。

セロリゆずこしょうおにぎり（P67参照）
【主菜】鶏もも肉の甘辛たれ焼き（P26参照）
【口直し】にんじんとあんずのマリネ（P55／57参照）
＊仕切りにレタスを使用。

彩り洋風弁当

赤いご飯、ピンクのサーモン、
紫色のぶどうとカラフルに。

ドライトマトライス（P63／65参照）
【主菜】サーモンのマスタード焼き（P46参照）
【口直し】ぶどうのバルサミコ酢漬け（P55／57参照）
＊サーモンの下にレタスを使用。

わが家のお弁当

ある日のお弁当。右が長男、左が長女用。長男はご飯だけを別にし、ハンバーグにはたれをからませない。長女はご飯にふりかけをかけ、ハンバーグはたれをからませて彩りよく。

私のお弁当歴はかれこれ25年になります。
私流のお弁当作りのルールを決めてからというもの、
献立などで悩むことはほとんどありませんが、
家族それぞれに好みやリクエストがあります。

わが家では夫と子どもたちのお弁当作りが日課。
中学校は給食ですが、部活のときはお弁当持参です。
しかし、子どもたちはそれぞれにこだわりがあり、
同じおかずでも詰め方に一工夫が必要です。

長男はとにかく白いご飯が大好きなので、
できるだけ炊きたてのご飯を詰め、ご飯におかずの汁がしみないよう別にします。
長女は長男ほど白いご飯にこだわりませんが、
ご飯におかずをのせていいのはメイン（主菜）のみ。副菜をのせるのはNGです。
そして彩りのいいお弁当を喜ぶので、色みを考えながら詰めます。
夫は仕事場にキッチンがあるので、温められるように小分けにしています。

長く続いたお弁当作りですが、今では長男は高校を卒業して留学中、
長女も春から大学生になるので、
もうすぐ子どもたちのお弁当作りの使命は終了です。
お弁当は親から子へのメッセージの伝達役にもなるもの。
ぜひ、親の愛情をお弁当に詰めてあげてください。
きっと子どもが親になったとき、気づくはずですから。

パン弁当

「パン弁当」の主役はやっぱりサンドイッチ。いろいろな具材をサンドして食感や味の重なりに一工夫しましょう。サンドイッチの場合は簡単デザート、パンだけの場合はスープを添えます。また、デザートやスープは楽しみの一つなので、食べやすさや色みを考えて組み合わせましょう。

ハムレタス
サンドイッチ弁当

**パンは焼かずに柔らかいままで。柑橘のデザートがよく合います。
定番のサンドですが、レタスの歯ごたえがたまりません。**

主食

ハムレタスサンドイッチ

重ねたレタスがシャキシャキ！

材料と作り方　1人分

食パン（サンドイッチ用／耳つき）　4枚
極薄切りハム　12枚
レタス　5枚
マヨネーズ　大さじ4
バター（食塩不使用／柔らかくしたもの）　適量

1 パンの片面にまんべんなくバターを塗り、その上にマヨネーズを塗る。
2 レタスは洗って水につけてパリッとさせ、ペーパータオルで水けをよく拭く。重ねて縦に半分にちぎる。
3 パンの片面にハム3枚、レタス$\frac{1}{2}$量、ハム3枚を順にのせ、もう1枚のパンをのせる。残りのパンも同様にしてサンドイッチを作る。
4 2つのサンドイッチを重ね合わせてラップで少しきつめに包み、30分ほど落ち着かせる。ラップを取り、四方の耳を切り落として半分に切る。

デザート

柑橘フルーツのゼリー

オレンジのゼリーでさっぱりと。

材料と作り方　80mℓのカップ4個分

ネーブルオレンジ　$\frac{1}{2}$個
グレープフルーツジュース（果汁100%）　200mℓ
粉ゼラチン　7g
水　21g

1 オレンジは表皮をむいて、横半分に切って果肉を取り出す。粉ゼラチンは分量の水でふやかす。
2 小鍋にグレープフルーツジュースを入れて中火にかけ、フツフツしてきたら火を止める。ふやかしたゼラチンを加え、よく混ぜて溶かし、オレンジを加える。カップに等分に入れて、冷蔵庫で3時間から一晩冷やし固める。

バゲットサンド弁当

バゲットにたっぷり具をはさみましょう。
歯ごたえのあるパンなのでかむほどに味わいが増します。

主食

コンビーフと
マッシュポテトのサンド

ボリューム満点のサンド。

材料と作り方　1人分

バゲット　18cm
じゃがいも　1個(80g)
コンビーフ(缶詰)　40g
ロメインレタス　2枚
ナツメグ　小さじ1/8
塩、こしょう　各適量

1 じゃがいもは皮をむいて一口大に切り、たっぷりの湯で柔らかくなるまでゆでる。ざるに上げてボウルに入れ、フォークでつぶしてコンビーフとナツメグを加える。味をみて塩、こしょうで調味する。

2 バゲットは厚みに切り込みを入れ、オーブントースターで表面がパリッとするまで焼く。

3 ロメインレタスは縦半分に切り、上下が互い違いになるようにバゲットに入れ、間に1をたっぷりはさむ。

デザート

焼きりんごとレーズン

甘酸っぱいりんごとレーズンがよく合うデザート。

材料と作り方　作りやすい分量

りんご　1/2個
干しレーズン　大さじ1
はちみつ　大さじ2
オリーブ油　大さじ1
ラム酒　大さじ1

1 りんごはよく洗って芯を取り、1.5cm幅のくし形切りにする。

2 耐熱容器に1と残りの材料を入れてよく混ぜ合わせ、200℃に予熱したオーブンで15分ほど焼いて冷ます。

●バゲットサンドはわが家の定番弁当

わが家はバゲット大好き一家なので、バゲットサンドはよく登場するお弁当です。切り込みを入れて中に具をはさむのがフランス式。バターとハムだけ、あるいはチーズだけをはさむシンプルなものがスタンダードです。

あったかスープ弁当

具材がごろごろ入ったスープなら丸パン一つあれば十分。パンが具材のうまみを引き立てます。

主食

丸パン　1個

主菜

ごろごろ野菜とパスタ入りスープ

ヘルシーな具だくさんスープ。

材料と作り方　作りやすい分量

にんじん　50g
かぶ　$1/2$個
ブロッコリー　2房
じゃがいも　$1/2$個
玉ねぎ　$1/4$個
マカロニ　10個
塩　小さじ$2/3$
水　カップ2

1 にんじんは皮をむいて1cm厚さの輪切りにし、十字に切って4等分にする。かぶとじゃがいも、玉ねぎは皮をむいて1.5cm角に切る。ブロッコリーは縦半分に切る。

2 鍋に1と残りの材料を入れてふたをし、中火にかける。沸騰したら弱火強で10分ほど煮る。味をみて塩(分量外)で調味する。

サンドイッチに合うパンとスープに合うパン

パンはたくさんの種類があるので、好みのパンを選ぶのが一番です。サンドイッチにはこれ、スープにはこれと明確に線引きをすることはできませんが、具だくさんのスープやボリュームのあるサンドイッチなどで「具材を引き立たせる」ならリーン(シンプル)なパンがおすすめです。リーンなパンとはバゲットや食パン系のパン、イギリスパンなど。
またシンプルなスープやサンドイッチならリッチなパンもいいでしょう。リッチなパンとは少し甘みがあったり、牛乳やバターを多く使ったもの、ドライフルーツやナッツがぎっしり詰まったものなど。具材と好みを考えてベストなパンを選んでください。

〈 サンドイッチいろいろ 〉

みじん切り卵サンド

卵サンドにチーズをふってワンランクアップ。

材料と作り方　1人分

バターロール　2個

A
- ゆで卵の粗みじん切り　2個分
- 玉ねぎのみじん切り　大さじ½
- マヨネーズ　大さじ1½
- イエローマスタード　大さじ½
- 粗びき黒こしょう　小さじ¼

パルメザンチーズのすりおろし　大さじ1

1　ボウルにAを入れて混ぜ合わせる。

2　バターロールの上部に切り込みを入れ、1を等分に詰めてチーズをふる。

みじん切り卵サンド

卵焼きサンド

卵焼きにソースをからませるのがポイント。

材料と作り方　1人分

食パン（サンドイッチ用／耳つき）　2枚

卵　3個

塩　3つまみ

サラダ油　小さじ2

キャベツのせん切り　1枚分

A
- ウスターソース　大さじ1
- トマトケチャップ　大さじ½
- パルメザンチーズのすりおろし　小さじ1

1　卵焼きを3個作る。作り方はプレーンの卵焼き（P58参照）と同じ。ただし1個につき卵1個、塩1つまみで作る。ボウルにAを入れて混ぜ合わせ、卵焼きをまんべんなくからませる。

2　パンをオーブントースターでこんがりと焼き、キャベツをまんべんなくのせて、1を並べる。もう1枚のパンを重ね、ラップで少しきつめに包んで30分ほど落ち着かせる。ラップを取り、卵焼きに垂直に半分に切る。

卵焼きサンド

チーズ&ルッコラサンド

チーズ&ルッコラサンド

チーズを豪快にはさんでめし上がれ！

材料と作り方　1人分

イギリスパン(8枚切り)　2枚
カマンベールチーズ　50g
ルッコラ　10本
イエローマスタード　大さじ3

1　パンをオーブントースターでこんがりと焼く。チーズは6等分のくし形切りにする。パンの片面にマスタードをまんべんなく塗り、1枚のパンにルッコラを互い違いにのせ、チーズを並べる。

2　1にもう1枚のパンを重ね、ラップで少しきつめに包んで30分ほど落ち着かせる。ラップを取り、斜め2等分にする。

チーズとにんじんとサラミのサンド

チーズとにんじんとサラミのサンド

パンに切り込みを入れて2段仕立てに。

材料と作り方　1個分

バゲット　8cm
シュレッドチーズ　10g
にんじん　1/4本
サラミの薄切り　18g
塩　2つまみ

1　にんじんは皮をむいて2cm長さのせん切りにし、ボウルに入れて塩をふって15分ほどおく。細切りにしたサラミと混ぜ合わせる。

2　バゲットの上部に2ヵ所切り込みを入れ、オーブントースターで表面がパリッとするまで焼く。

3　2のパンの切れ込みに1をたっぷりはさみ、もう1つの切れ込みにチーズをはさむ。

ツナとズッキーニのサンド

ソーセージとマスタードポテトのサンド

トマトサンド

きのこサンド

ツナとズッキーニのサンド

バジルで風味豊かに仕上げたおしゃれサンド。

材料と作り方　1人分

クロワッサン　1個
ツナ（缶詰／かたまりタイプ）　1/2缶（65g）
ズッキーニ　小1本
塩　小さじ1/6
A｜バジルの葉のみじん切り　5枚分
　｜マヨネーズ　小さじ1
　｜イエローマスタード　大さじ1

1 ズッキーニは5㎜厚さの輪切りにしてボウルに入れ、塩をふって15分ほどおく。水けをしっかりきる。

2 別のボウルに油をきったツナと1を入れ、Aを加えてよく混ぜる。

3 クロワッサンは厚みを半分に切り、2をまんべんなくのせ、もう1枚でサンドする。

トマトサンド

トマトににんにくの風味を移すのがポイント。

材料と作り方　1人分

パニーニ（15㎝）　1個
ミディトマト　2個
にんにくの薄切り　小3枚
オリーブ油　大さじ1
塩　2つまみ

1 パニーニは厚みを半分に切り、オーブントースターで軽く焼き色がつくまで焼く。トマトはへたをくりぬき、1㎝幅の輪切りにする。

2 フライパンににんにくとオリーブ油を入れて弱火で熱し、にんにくの香りがしてきたら火を止めて冷ます。

3 ボウルにトマトと2を入れてからませ、パニーニにトマトをのせて塩をふり、もう1枚でサンドする。

ソーセージと
マスタードポテトのサンド

ソーセージに切り込みを入れて食べやすく工夫。

材料と作り方　1人分

バターロール　2個
ウインナソーセージ　2本
ポテトサラダのマスタード風味（P46参照）　60g

1 ソーセージは5㎜間隔に切り込みを入れる。鍋に湯を沸かして1分ほどゆで、ペーパータオルで水けを拭く。

2 バターロールの上部に切り込みを入れ、ポテトサラダをたっぷり詰めて1をのせる。

きのこサンド

きのことくるみが合体して香りも食感も満足。

材料と作り方　1人分

田舎パンのスライス（1㎝厚さ）　4枚
マッシュルーム　4個
しめじ　1パック（約100g）
くるみ　6粒
A｜オリーブ油　小さじ1
　｜塩　小さじ1/4
　｜こしょう　適量

1 くるみはみじん切りにし、フライパンで香りがしてくるまで弱火で炒る。

2 きのこ類はフードプロセッサーでみじん切りにして鍋に入れる。Aを加えてしんなりするまで炒め、1を加える。

3 田舎パンはオーブントースターで軽く焼き色がつくまで焼き、2をまんべんなく塗ってもう1枚のパンでサンドし、半分に切る。これをもう1つ作る。

牛肉サンド

肉にソースとマスタードをからませてうまさ倍増。

材料と作り方　1人分

イギリスパン(8枚切り)　2枚
牛薄切り肉(しゃぶしゃぶ用)　5枚
クレソン　8本
ウスターソース　大さじ1 1/2
イエローマスタード　小さじ1

1　小鍋に湯を沸かして牛肉を入れ、火を止めて箸でゆすりながら火を通し、ペーパータオルで水けを拭く。

2　ボウルにウスターソースとマスタードを入れて混ぜ、1を加えてからめる。

3　パンをオーブントースターで焼き色がつくまで焼き、クレソンをのせて2を並べ、もう1枚のパンでサンドして4等分に切る。

えびサンド

れんこんとえびの食感の違いが楽しめるサンド。

材料と作り方　1人分

マフィン　1個
えび(殻つき)　6尾
A | おろししょうが　小さじ$\frac{1}{2}$
　| 酒　小さじ1
　| 塩　小さじ$\frac{1}{4}$
　| こしょう　適量
　| ドライトマトのみじん切り　小さじ1
れんこん　小3cm
マヨネーズ　大さじ2
オリーブ油　大さじ1

1　えびは殻をむいて粗みじん切りにし、ねっとりするまで包丁でたたく。ボウルにAとともに入れて混ぜ合わせ、パンの大きさに合わせて丸く形作る。

2　フライパンにオリーブ油を熱し、1の形をくずさないようにフライ返しにのせて入れる。空いているところでれんこんを焼き、それぞれ色が変わったら返し、火が通るまで焼く。

3　マフィンは厚みを半分に切ってオーブントースターで表面がパリッとするまで焼き、内側にマヨネーズを塗る。

4　2のれんこんに塩、こしょう各適量(分量外)をし、半量をパンの内側に並べてえびをのせる。残りのれんこんをのせ、もう1枚のマフィンでサンドする。

オイルサーディンと玉ねぎのサンド

赤ワインビネガーが材料にしみ込んで上品。

材料と作り方　作りやすい分量

チャバタ　1個
オイルサーディン(缶詰)　8尾
紫玉ねぎ　小$\frac{1}{2}$個
タイム　5本
赤ワインビネガー　大さじ$1\frac{1}{2}$
こしょう　適量

1 紫玉ねぎは6等分のくし形切りにする。天パンにオーブンシートを敷いてオイルサーディンとともに並べ、タイムをちぎってのせ、赤ワインビネガーを回しかけてこしょうをふる。オーブントースターで5分焼く。

2 チャバタを2等分に切り、真ん中に切り込みを入れて1を等分に詰める。

●缶詰をもっとおいしく！

缶詰はとても便利ですが、ただ缶から出してそのまま詰めるのでは物足りません。このオイルサーディンのように、ビネガーをかけてちょっと焼くだけの手間で数倍おいしくなります。さば缶や鮭缶を使うときにもぜひ、やってみてください。

さつまいもとベーコンのサンド

さつまいもとベーコンが驚きの好相性。

材料と作り方　作りやすい分量

バゲット（細いタイプ）　16cm
さつまいも（細いもの）　1/2本
厚切りベーコン　1枚
カレー粉　小さじ1/6
オリーブ油　大さじ1/2

1 バゲットは1cm幅に切ってオーブントースターで表面がパリッとするまで焼く。

2 さつまいもは1cm幅に切り、ベーコンは8等分に切る。天パンにオーブンシートを敷いてさつまいもを並べ、カレー粉とオリーブ油をふる。ベーコンも並べて200℃に予熱したオーブンで3分焼く。ベーコンを取り出し、さつまいもに火が通るまでさらに5分焼く。

3 1にさつまいもとベーコンを1枚ずつはさみ、もう1枚のバゲットでサンドする。残りも同様にして作る。

さつまいものさっと煮

バナナのメイプルマリネ

ドライフルーツのマリネ

洋梨のはちみつレモン

〈 デザートいろいろ 〉

さつまいものさっと煮

黒糖の甘みが大人好み。

材料と作り方　作りやすい分量

さつまいも(細いもの)　1本(60g)
黒糖(顆粒)　大さじ4
水　180㎖

1 さつまいもは、1㎝厚さの輪切りにする。
2 鍋に分量の水と黒糖を入れて中火にかけ、黒糖を混ぜ溶かす。1を並べ入れてふたをし、沸騰したら弱火強にして10分ほど煮て火を止め、そのまま冷ます。

バナナのメイプルマリネ

アーモンドスライスがアクセント。

材料と作り方　作りやすい分量

バナナ　1本
レモン汁　小さじ1/4
メイプルシロップ　大さじ3
アーモンドスライス　大さじ1 1/2

1 バナナは皮をむいて1㎝厚さの輪切りにする。ボウルに入れてレモン汁をからめ、メープルシロップを加えて混ぜる。
2 フライパンにアーモンドスライスを入れて弱火で炒り、色がついたら火を止めて1に加え、さっと混ぜる。

ドライフルーツのマリネ

フルーツにジャスミンティーをたっぷり含ませて。

材料と作り方　作りやすい分量

干しあんず　4個
乾燥いちじく　2個
乾燥デーツ　4個
水　200㎖
ジャスミンティーのティーバッグ　1個

ドライフルーツはポリ袋に入れ、分量の水とティーバッグを加えて空気を抜き、口を閉じて、冷蔵庫で一晩マリネする。

洋梨のはちみつレモン

さっぱりとして上品な洋梨が堪能できます。

材料と作り方　作りやすい分量

洋梨　1/2個
レモン(ノンワックス)　1/2個
はちみつ　大さじ3

1 レモンは2㎜厚さの半月切りにする。容器にはちみつを入れ、レモンを加えて混ぜ、冷蔵庫で一晩つける。
2 洋梨は皮をむいて1㎝幅のくし形切りにし、1に加えてからませ、30分ほどおく。

煮りんご

キャラメルナッツ

いちごゼリー

キウイとメロンのゼリー

煮りんご

シナモン風味はりんごと相性抜群。

材料と作り方　作りやすい分量

りんご(紅玉)　1個
砂糖　大さじ3
水　大さじ2
シナモンスティック　1本

1 りんごは皮をむいて芯を取り、1.5cm角に切る。

2 鍋に砂糖と分量の水を入れて1を加えて混ぜ、15分ほどおく。シナモンスティックを半分に折って加え、弱火強にかける。ときどき混ぜながらりんごが柔らかくなるまで煮て火を止め、そのまま冷ます。

キャラメルナッツ

ほろ苦さが自慢のカリッとナッツ。

材料と作り方　作りやすい分量

アーモンド(ホール)　20g
くるみ　20g
グラニュー糖　40g
水　大さじ1

1 天パンにアーモンドとくるみをのせ、150℃に予熱したオーブンで10分ローストする。

2 鍋にグラニュー糖と分量の水を入れ、グラニュー糖が湿ったら強火にかける。グラニュー糖が溶けて煮詰まり、全体が焦げて茶色になったらすぐに1を加えて火を止め、ゴムべらで手早く混ぜ合わせてオーブンシートに広げて冷ます。固まったら食べやすい大きさに割る。

いちごゼリー

作っておけばそのまま詰めるだけのデザート。

材料と作り方　60mℓのカップ4個分

いちご　5個
粉ゼラチン　8g
水　24g
A ｜砂糖　大さじ5 $\frac{1}{2}$
　｜水　100g
　｜レモン汁　小さじ $\frac{1}{2}$

1 いちごはへたを取って縦4等分に切る。粉ゼラチンは分量の水でふやかす。

2 小鍋にAといちごを入れて中火にかけ、鍋肌がフツフツしてきたら火を止め、ふやかしたゼラチンを加えてよく混ぜ溶かす。カップに等分に入れ、冷蔵庫で3時間から一晩冷やし固める。

キウイとメロンのゼリー

酸味と甘みのバランスが絶妙。

材料と作り方　60mℓのカップ4個分

キウイ　$\frac{1}{2}$個
メロン　100g(正味)
粉ゼラチン　11g
水　33g
A ｜砂糖　大さじ5
　｜水　120g
　｜白ワイン　小さじ1

1 キウイは皮をむいて1cm厚さの輪切りにし、十字に切って4等分にする。メロンはフォークでつぶす。粉ゼラチンは分量の水でふやかす。

2 小鍋にAとキウイ、メロンを入れて中火にかけ、鍋肌がフツフツしてきたら火を止め、ふやかしたゼラチンを加えてよく混ぜ溶かす。カップに等分に入れ、冷蔵庫で3時間から一晩冷やし固める。

＊好みでゼリーをフォークで大きめにくずしてもよい。

シンプルトマトスープ

かぼちゃのスープ

コーンスープ

きのこのスープ

〈 スープいろいろ 〉

シンプルトマトスープ

口の中で弾《はじ》けるトマトの酸味も味の一つ。

材料と作り方　作りやすい分量

あさり（砂出ししたもの）　10個
ミニトマト　10個
万能ねぎの小口切り　1本分
水　500mℓ
塩、こしょう　各適量

1　鍋に分量の水とあさりを入れて中火にかけ、沸騰したらアクを取る。味をみて塩、こしょうで調味する。

2　へたを取ったミニトマトを加えて軽く煮、皮が少しはじけたら万能ねぎを加えて火を止める。

かぼちゃのスープ

豆乳たっぷりのヘルシースープ。

材料と作り方　作りやすい分量

かぼちゃ（種を取ったもの）　350g
豆乳　500mℓ
塩　小さじ$\frac{1}{2}$
クミンシード　適量

1　かぼちゃは2.5cm角に切る。

2　鍋に1と豆乳を入れてふたをし、中火にかける。沸騰したら弱火にし、かぼちゃが柔らかくなるまで10分ほど煮て塩で調味する。スープジャーに入れてクミンをふる。

コーンスープ

味つけはコーンの甘みだけ。

材料と作り方　作りやすい分量

コーン（缶詰／クリーム）　1缶（435g）
コーン（ドライパック）　2パック（110g）
牛乳　300mℓ

鍋に材料をすべて入れて弱火にかけ、5〜6分煮て火を通す。

●忙しいときはシンプルなスープとパン弁当もあり

このスープは缶詰があればすぐにできる超簡単なスープです。朝、時間がない日はこんなシンプルなスープとパンだけのお弁当もありです。その代わり、夕食はしっかりがんばって作ります。ときには力を抜くこともお弁当作りを続ける秘訣ですね。

きのこのスープ

きのこ本来のうまみのバランスが絶妙。

材料と作り方　作りやすい分量

まいたけ　1パック（100g）
しめじ　$\frac{1}{2}$パック
えのきだけ　$\frac{1}{2}$パック
水　500mℓ
塩　約小さじ$\frac{1}{2}$
こしょう　適量

1　まいたけはほぐし、しめじは石づきを取ってほぐす。えのきだけは石づきを取って4cm長さに切る。

2　鍋に1と分量の水、塩を入れて中火にかけ、沸騰したら弱火にして3分ほど煮て火を止め、こしょうをふる。

キャベツスープ

かぶとくるみのスープ

グリーンポタージュ

にんじんとソーセージのスープ

キャベツスープ

キャベツとベーコンのうまみがスープの素。

材料と作り方　作りやすい分量

キャベツ　3枚(200g)
ベーコン　1枚
タイム　2本
オリーブ油　大さじ1/2
水　500mℓ
塩　約小さじ1/3

1 キャベツは4×1㎝に切る。ベーコンは5㎜幅に切る。

2 鍋に1とタイム、オリーブ油を入れて火にかけ、キャベツがしんなりするまで炒める。分量の水を加え、沸騰したら弱火にして5分ほど煮る。味をみて塩で調味する。

グリーンポタージュ

野菜たっぷりの健康スープ。

材料と作り方　作りやすい分量

かぶ　大2個
玉ねぎ　1/2個
ほうれんそう　2株
キャベツ　1枚
塩　小さじ1/2

1 かぶはよく洗って皮つきのまま1.5㎝角に切る。玉ねぎとキャベツも同じ大きさに切る。ほうれんそうは根元を切り落として葉と茎に分け、茎はざく切りにする。

2 鍋にほうれんそうの葉以外の1と塩を入れ、ひたひたに水を注ぐ。ふたをして中火にかけ、沸騰したら弱火強にして、野菜が柔らかくなるまで10分ほど煮る。ほうれんそうの葉を加えてさらに5分ほど煮て火を止める。

3 2をハンドミキサーでつぶしてなめらかにし、味をみて塩(分量外)で調味する。水を加えて好みのとろみにする。

かぶとくるみのスープ

かぶと玉ねぎのうまみがまるごと楽しめます。

材料と作り方　作りやすい分量

かぶ　大2個
玉ねぎ　1/2個
くるみ　5粒
塩　約小さじ1/2

1 かぶはよく洗って皮つきのまま1.5㎝角に切る。玉ねぎも同じ大きさに切る。

2 くるみは粗みじん切りにする。フライパンに入れて弱火で炒り、香りがしてきたら火を止める。

3 鍋に1と塩を入れて水をひたひたに入れ、ふたをして中火にかける。沸騰したら弱火強にし、かぶが柔らかくなるまで10分ほど煮て火を止める。ハンドミキサーでつぶしてなめらかにし、味をみて塩(分量外)で調味する。水を加えて好みのとろみにし、スープジャーに入れて2をふる。

にんじんとソーセージのスープ

野菜だけのうまみでやさしい味に。

材料と作り方　作りやすい分量

にんじん　1/2本
セロリ　小1節
ウインナソーセージ　4本
水　500mℓ
塩　約小さじ1/2

1 にんじんは皮をむいて1㎝角に切る。セロリも同じ大きさに切り、ソーセージは5㎜厚さの輪切りにする。

2 鍋に1と分量の水、塩を入れてふたをし、中火にかける。沸騰したら弱火強にして6分ほど煮、味をみて塩(分量外)で調味する。

野菜とベーコンのトマトスープ

じゃがいもの冷たいスープ

ブロッコリーとカリフラワーのスープ

玉ねぎとチーズのスープ

野菜とベーコンのトマトスープ

具がたっぷりでスタミナがつくスープ。

材料と作り方　作りやすい分量

キャベツ　2枚
にんじん　40g
セロリ　$\frac{1}{2}$本
ほうれんそう　1株
玉ねぎのみじん切り
　$\frac{1}{4}$個分
ベーコンの細切り　1枚分
オリーブ油　大さじ1
水　500mℓ
トマトペースト　大さじ1
塩　約小さじ$\frac{2}{3}$
こしょう　適量

1　キャベツは3cm角に切る。にんじんは皮をむいて3mm厚さのくし形切りにする。セロリは1cm角、ほうれんそうは根元を切り落として4cm長さに切る。

2　鍋にオリーブ油を熱し、キャベツ、玉ねぎ、にんじん、セロリ、ベーコンを入れて中火弱で炒める。玉ねぎが透き通ったら分量の水とトマトペーストを加え、沸騰したら弱火強で3分ほど煮てほうれんそうを加え、2分煮る。味をみて塩、こしょうで調味する。

ブロッコリーと
カリフラワーのスープ

ごろっとした野菜とふんわり卵が一つになったスープ。

材料と作り方　作りやすい分量

鶏ひき肉　50g
A ｜ブロッコリー　3房
　｜カリフラワー　3房
　｜玉ねぎのみじん切り
　｜　$\frac{1}{4}$個分
　｜塩　約小さじ$\frac{2}{3}$
水　500mℓ
卵　1個
こしょう　適量

1　鍋にひき肉と分量の水を入れて中火にかけ、沸騰したらアクを取ってAを加え、柔らかくなるまで3分ほど煮る。味をみて足りないようなら塩(分量外)で調味してこしょうをふる。

2　卵を溶いて回し入れ、火が通ったら火を止める。

じゃがいもの冷たいスープ

食欲がないときにぜひ！

材料と作り方　作りやすい分量

じゃがいも　1個
牛乳　500mℓ
にんにくの薄切り　1かけ分
マッシュルームの薄切り　2個分
塩、こしょう　各適量

1　じゃがいもは皮をむいて一口大に切る。

2　鍋に1と牛乳の$\frac{1}{2}$量、にんにくを入れて中火にかける。沸騰したら弱火強にして10分ほど煮、柔らかくなったら火を止める。ハンドミキサーでつぶしてなめらかにし、再び弱火にかけてマッシュルームと残りの牛乳を加える。味をみて塩、こしょうで調味し、とろみが濃いときは牛乳(分量外)で調整する。

玉ねぎとチーズのスープ

チーズが味のアクセント。

材料と作り方　作りやすい分量

玉ねぎ　1個
チーズ　100g
*チェダーチーズやゴーダチーズなど。
にんじんの輪切り(1.5cm厚さ)　1枚
水　500mℓ
塩　小さじ$\frac{2}{3}$
こしょう　適量

1　玉ねぎ、チーズは1cm角に切る。にんじんは2〜3mm角に切る。

2　鍋に玉ねぎとにんじん、分量の水、塩を入れてふたをし、中火にかける。沸騰したら弱火強にし、玉ねぎが透き通るまで5分ほど煮る。味をみて足りないようなら塩(分量外)で調味してこしょうをふる。スープジャーに入れてチーズを加える。

サルボ恭子（KYOKO SALBOT）

料理家。老舗旅館の長女として生まれ、料理家の叔母に師事したのち渡仏。パリ有数のホテル「オテル・ド・クリヨン」で研修、勤務するうち、フランスの郷土料理に魅了され、帰国後料理研究家のアシスタントを経て独立。自宅で料理教室を主宰。素材と向き合い、その持ち味を引き出す料理を得意とし、出張料理やケータリングで料理が最もおいしく味わえる"瞬間"を届けている。雑誌やテレビなどでも活躍し、洗練された家庭料理には根強いファンも多い。『毎日活躍！「ストウブ」で和洋中』（講談社）、『サルボ惣菜店』（大泉書店）、『オーブンまかせでのっけて焼けばすぐごはん』（学研プラス）など著書多数。

http://www.kyokosalbot.com/

ブックデザイン
小橋太郎（Yep）

撮影
竹内章雄

スタイリング
大畑純子

編集
小橋美津子（Yep）

講談社のお料理BOOK

おかずは３品でOK！
サルボさん家《ち》の毎《まい》日《にち》弁《べん》当《とう》

2016年3月15日　第1刷発行

著　者　サルボ恭子《きょうこ》
発行者　鈴木 哲
発行所　株式会社 講談社
〒112-8001　東京都文京区音羽2-12-21
編集／☎03-5395-3527
販売／☎03-5395-3606
業務／☎03-5395-3615
印刷所　大日本印刷株式会社
製本所　株式会社若林製本工場

ISBN978-4-06-299667-9